一個香港知識分子

五十年見聞

黃景強回憶錄

黃景強 口述

蔡嘉亮 撰寫

商務印書館

責任編輯　吳佰乘
裝幀設計　趙穎珊
版式設計　涂　慧
排　　版　肖　霞
印　　務　龍寶祺

一個香港知識分子五十年見聞
—— 黃景強回憶錄

口　　述　黃景強

編　　著　蔡嘉亮

出　　版　商務印書館 (香港) 有限公司
　　　　　香港筲箕灣耀興道 3 號東匯廣場 8 樓
　　　　　http://www.commercialpress.com.hk

發　　行　香港聯合書刊物流有限公司
　　　　　香港新界荃灣德士古道 220-248 號荃灣工業中心 16 樓

印　　刷　新世紀印刷實業有限公司
　　　　　香港九龍土瓜灣木廠街 36 號聯明興工廠大廈三樓

版　　次　2024 年 6 月第 1 版第 3 次印刷
　　　　　©2022 商務印書館 (香港) 有限公司
　　　　　ISBN 978 962 07 5908 6
　　　　　Printed in Hong Kong

代　序

　　景強兄是我晚年才論交的朋友，也是晚年最親近的朋友之一。景強兄於我是年稍長的同輩，同是「出身寒微」，「讀書成才」，「艱苦立業」的背景外，其他的人生經歷頗為不同。他唸的是工程，我讀的是文科；他留學美加的西洋，我負笈日本的東洋；交往之前的生活圈子也不同。自從認識，論交而成為好友，最大的因緣是「志同道合」——喜歡歷史文化，尤其鍾情中國的歷史文化；情繫家國，關心中國的命運。

　　我們屬於戰後成長的第一代，慶幸不像我們的上二代，飽受戰爭的磨難。但卻是在社會困乏、百廢待興的環境下長大的。切身蒿目民生的困苦，體驗到生活的艱難；從少就耳濡目染國家百年的落後，民族的苦難。我們大都能勤奮努力上進，以求改變自己個人的命運。到稍有中國知識分子的自覺和自命的時候，由於身處海外，目睹國際的局勢，六、七十年代世界經濟和產業的突飛猛進，尤其曾身履東、西洋先進的國家和發達的社會，對比仍處於政局折騰的中國、貧窮的社會，無不憂心忡忡。中國何時、如何走出困境，走向

富強，一直是我們這一輩不少人心底的牽掛。從我個人的理解，上世紀七十年代初的「保衛釣魚臺運動」，是海外很多知識分子豁醒而關心國事的契機。七、八十年代之交，國內實行「開放政策」和推動「四個現代化」，鼓舞和激勵了不少海外包括香港的知識分子、專家、實業者，甚至一般民眾，不同程度與不同方法，參與了「四個現代化」的大潮中，並作出了相當的貢獻。

幾十年過去了，中國在各方面的發展，突飛猛進，其取得的成就，在人類發展與文明史上，極之罕見。由一窮二白，被視為乃世界落後的國度，「敢教日月換新天」，一躍而成為令世界矚目、高歌猛進的現代化國家。這真是我們戰後出生的第一代人之前所不能夢想的。這樣的成就，是全國上下，也包括海外炎黃子孫幾代人的犧牲、拼搏、鞠躬盡瘁而取的。

在中國開放的四十年和香港回歸的二十五年的過程中，香港不少人，盡了中華兒女的一份責任，做出了能力所及的貢獻。這些人雖然不是鎮日在熒光幕和鎂光燈下閃耀的人物，甚至是抱持着「功成不受爵，長揖歸田廬」淡然自處的態度。但歷史不會忘記，也不應忘記。中國人有一句入俗，卻是很有歷史意識和智慧的一句話，「飲水不忘掘井人」。歷史就是歷史，這固然是中國人「發潛德之幽光」的傳統，

也是一種激勵來者傳之承之的用心。

　　黃景強兄這本自述，多少是因我的敦促而撰成出版的。我之敦勸景強兄出版自述，不是基於私誼，而是作為一個出版人，習慣從社會和文化的出版意義去考慮。香港戰後的第一代，是歷史上罕有在短短的一生，卻經歷和見證了幾個時代的變化的一代人。這一代人，於今，已年逾古稀了。他們的經歷，是歷史珍貴的記錄；他們的歷練所積累的智慧，足可為後世模範。景強兄，就是其中的一位。希望這一代對其時代有過不同貢獻的人物，能講出他們的故事和心路歷程，為歷史大廈，添磚增瓦！

陳萬雄

目　錄

我升上中學，父母特地帶我們到影樓拍照留念。

1965 年，父母出席我的大學畢業禮。

與母親和弟妹在家鄉鶴山。

執子之手，與子偕老，與太太和家人開心度過每一天。

父親性格樂觀，酒家就以樂觀為名。

父親、我和二妹攝於樂觀酒家門前。

童年舊居。

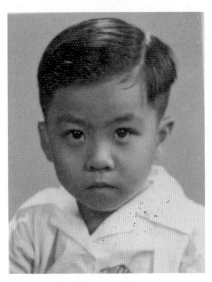

幼稚園第一張學生相。

喇沙書院與拔萃男書院舉行象棋比賽，我自然是校際代表隊員之一。

譚志雄（中）負笈加拿大，黃鴻堅（左）和我到啟德機場送行。

與工程系同學攝於利瑪竇宿舍外。

從深水埗遷到香港大學宿舍，是我人生的「脫貧」階段。

1969 年與太太秀宜結婚，婚後前往加拿大修讀博士課程。

長子出生不久，太太就要陪我前往加拿大。

1970 年時的加拿大皇后大學。

皇后大學 Ellis Hall 實驗室。

70 歲生日時重訪皇后大學，並和師兄徐金廣探訪 Mitchell 教授。

與太太參觀美國麻省理工學院。

恒基土力工程公司實驗室。

1975 年首次踏足中國內地：

深圳。

廣州街頭。

廣州白雲山登山羣眾。

廣西陽朔街頭。

1978 年參加國慶觀禮團，與太太攝於天安門廣場。

北京首都國際機場，國慶觀禮團準備登機前往新疆。

新疆烏魯木齊，孩子好奇的神情非常可愛。

美麗的山城 —— 重慶。

重慶市學生。

長江三峽中的西陵峽。

國家旅遊局局長盧瑞章（中）會見霍英東先生（左）及彭國珍先生，商談廣州白天鵝賓館項目。

1980 年報章報道白天鵝賓館工程，當時賓館名稱還未敲定。

白天鵝賓館外觀。

白天鵝賓館香港建築師徐志樑（右2）與內地兩位知名建築師莫伯治（右1）、
佘峻南（左1）和施工隊總指揮賴竹岩。

香港建築團隊的黃奇松（右2）向國家旅遊局局長盧緒章介紹白天鵝賓館的設計。

1983 年，香港建築團隊參加白天鵝賓館開幕典禮。我雖已離開嘉年，仍獲邀出席。

深圳東湖賓館籌建期間，與嘉年彭國熙先生（左）到訪中方代表祈祺先生。

深圳嘉年印刷廠。

1976 年，港督麥理浩爵士在時任房屋署署長廖本懷先生（右 2）陪同下參觀香港首個居者有其屋計劃順緻苑建築工程。

澳門東亞大學「三劍俠」（左起）：黃景強、胡百熙和吳毓璘。

1980 年，澳門東亞大學動工，圖中為薛壽生（右）和大學的建築團隊。

澳門東亞大學拜訪北京教育部。左起：黃景強、Ian Day、Don Swift、
布理格勳爵（Lord Asa Briggs）、薛壽生和 Dr. Mellor。

在中國法學會會長王仲方的大力支持下，中國法律課程順利開辦，
令大學轉虧為盈。

美國前國務卿基辛格曾提出，中國改革開放政策能夠成功推行，
香港人和海外華僑扮演着重要角色。

加拿大極具民望的總理老杜魯多，
是現任加拿大總理杜魯多（Justin Trudeau）的父親。

1987 年，於澳門總督府簽署協議，澳門東亞大學轉讓給澳葡政府，
易名為澳門大學。

澳門東亞大學公開學院易名為亞洲（澳門）國際公開大學，
學位並獲得葡萄牙國立公開大學承認。

2001 年，亞洲（澳門）國際公開大學改名為澳門城市大學，我仍出任該校名譽主席。

2010 年，獲澳門大學頒授榮譽博士學位，
由時任澳門特別行政區行政長官崔世安主持。

國家領導希望香港大學深圳醫院成為中國醫療改革試點。

港專 60 周年校慶啟動禮及周年聚餐。

新標誌集團三位創辦人（左起）唐世煌、黃景強、陳永耀。

2019 年，超智能控股有限公司在香港交易所上市。

與同事慶祝超智能於港交所上市。

廣州華美達酒店。

上海市華僑大廈。

深圳嘉年印刷廠簽訂股權轉讓協議。

第一章 | 浪跡棋壇
的街童

家鄉

九十年代初，我憑着父親的一張紙條，在新華社香港分社范瑞方處長的安排下，首次踏足故鄉鶴山古勞村，當時的鶴山人還是務農為主，偶然才看到一、兩家小工場。其後每次回鄉，都看到這裏多了一個商場，那裏多了一條公路。鶴山，跟隨着國家的步伐，從農村走向小康，再向着先進城市的方向進發。

每次回鄉，總會想起已仙遊的父母。我很幸運，父母當年胼手胝足都希望我們「讀好書，幹好事，做個對家對國負責任的人」。

回首過去，總算毋負父母的期望。

童年

父親年輕時已在廣州當廚子，婚後不久，有感於香港較適合謀生，便與四個弟弟一同到香港。父母初期在深水埗「推車仔」，當熟食小販。他與三個弟弟在深水埗長沙灣道合租一層唐樓，面積 1,000 平方呎左右，住了我們四個家庭，20 多人。

五叔本來在中環街市賣牛肉，後來決定在深水埗開設

樂觀酒家。五兄弟合作，父親打理廚房，四位叔父分別做採購、燒臘等。酒家以樂觀為名，可能與父親樂天知命的性格有關，而父親的性格亦深深影響着我。

父親不希望兒女步自己後塵，常強調要兒女專心讀書。不過，小時候的我還是較喜歡做街童。

慈母出高材生

幸好我有一位慈母，她雖然目不識丁，但同樣希望兒女讀書上進。母親認識一位在聖羅撒學校當老師的街坊，便拜托她引薦我入讀幼稚園。然而學懂行路已在街上走來走去的我怎會願意被困在幼稚園！於是入學第一天便逃學，不過小兒郎始終要面對現實，乖乖的背着書包上學堂。

其後我升讀聖羅撒小學，讀至四年級時，因學校規定男生只可以讀至四年級便要轉校。我在聖羅撒時已領洗為天主教徒，因而有資格申請入讀華仁書院或喇沙小學等天主教名校。那時的天主教徒還享有很多福利如獲派奶粉、芝士等，英女王加冕時還得到一個杯子。可見當時天主教對香港基層社會予以相當的照顧和對香港教育作出的貢獻。

可惜因華仁和喇沙沒有公開招生，我和一位同學一起考進聖方濟書院英文小學五年級，及後母親看到喇沙和華仁公

開招生，她便再帶我到這兩間學校申請。適逢喇沙加開一班，增加收生額，便取錄了我重讀五年級，而我亦成為喇沙小學第一屆畢業生。

回想起來，我母親幾近文盲，卻重視子女的教育。就我所知，那個年代的香港，大部分人都是貧苦出身，但不少同學的父母都非常重視子女的教育，而喇沙當年就專門收錄這類草根階層學生，以我的同學為例，多居住在深水埗、土瓜灣、九龍城寨、東頭村、大角咀和九龍城等較貧困的社區。我現在還有很多任職高官或位居要職的朋友，都是在這些地方長大的。

幸好我有機會接受正規教育，如果沒有這段時光，我可能真的成為一位「浪跡街頭」的街童，甚至做「大佬」。

在家庭裏，我也的確是大哥。父親和三位叔叔共四個家庭同住，用木板劃分出幾個房間，即大家習慣說的「板間房」。20多人住同一屋簷下，真夠熱鬧的。在同輩兄弟姊妹中我年紀最大，不期然養成「大哥」心態。做「大哥」要「做決定」，要負責任，要照顧兄弟，這對我日後處事很有幫助。

雖然人多，但我們相處融洽。當時我可謂「帶領羣童」在街上四處遊玩，所以到現在我們的關係依然親密。我大約11歲吧，第一次帶着弟妹到荔枝角的海邊（現美孚新邨）划艇，不料遇上大船經過，巨浪沖着我們而來，我決定以船頭

迎浪，才成功擋住巨浪，不致「翻艇」。回家後，我和一眾弟妹不敢透露半點風聲，以免捱罵，反正大家都安全，就當沒有事發生過吧！這些經歷，鍛鍊了我的應變和決策的能力，學懂如何從眾人的利益出發，帶領整個團隊共同行動。不要少看小孩的歷練，往往是他們日後長大的「本錢」。一眾弟妹如今都多有成就，在各行各業做出了自己的貢獻，偶然聚會，仍不免「想當年」。

考試機器

每個人都有不同的讀書方式，上進的途徑。我很幸運，不算很聰穎，但我記憶力較好，很了解考試的要求，要我答甚麼內容、內容有多詳細，我都心中有數 —— 堪稱「考試機器」。這特長看來在求學時期十分重要，在我數學方面的潛力展現出來後，成績都得以保持名列前茅。後來有同學在喇沙校刊刊出一篇文章，就笑言我是班中「電算機」之一。

從街童到棋王

可惜初中時期，我志不在好成績，因為下棋才是我最大的興趣。大約 11、12 歲時，那時樂觀酒家的生意還算不錯，

每到中午時段，很多人在這裏開設棋局，消磨時間，實質有賭博成分。一盤棋賭十元，高手會讓「子」，如讓「單馬」、「雙馬」等。開始時我一竅不通，多在旁觀望。一次有一人過來搭話，說：「小伙子，喜歡下棋嗎？我來教你！……此為中炮，此為屏風馬……」我就開始學習弈棋。那時我還開始喜歡看書，他就給我一本《梅花譜》——當年棋壇有兩本教人如何觀棋局、理解棋局的必讀棋書：《梅花譜》和《橘中秘》。他教我如何閱讀棋書，何謂「炮二平五」、「馬八進七」等。其後我一直苦練，他又訓練我不看棋盤，只憑記憶報出棋譜下棋。我逐漸熟習下棋技巧。他認為我頗有天分，此後便授我棋藝。約一年多，我的棋藝大躍進，他說我的棋藝已達「半職業」水平。我在校內與人下棋，幾乎「打遍天下無敵手」，唯一能贏我的只有我的同學文志成。人們常說「既生瑜，何生亮」，與他相比，我只是周瑜。和他下棋，我先手，則和，他先手，則他勝。

我師傅名叫雷頌光，綽號「雷老虎」，在棋壇頗有名氣。有一次，師傅帶我到蓮香樓見識見識。那時的蓮香樓定期舉行弈棋活動，吸引客人飲茶消費。我們上到蓮香樓三樓，師傅說讓我長見識（與他對賽），並說教我走七步棋，之後由我自行發揮，他說我一定會輸，但要輸得「好好睇睇」。然後他告訴茶樓眾人，說有一聰明小子，棋藝了得。那時我約

12、13歲。於是便上演了一幕「雷老虎大戰方世玉」的象棋擂台。許多人慕名到來觀戰，蓮香樓亦特別為我們懸掛一副大棋盤，方便眾人觀看我們的對局。開局後，前七步我依他所言，之後，我決定放膽一搏，全力進攻，卻全被防下來，最終敗給師傅。但整場棋局十分精采，得到全場拍掌。《真欄日報》更刊登了是次棋局的棋譜。及後師傅說我的棋藝已無人可讓我「雙馬」，頂多只可讓我「單馬」，我便心想，如此我不就「發達」了嗎？那時大角咀、油麻地一帶很多人擺棋局，讓「雙馬」，五角至一元一局，如果我不斷挑戰棋局，我不就有一張「長期飯票」？可不要少看五角一元，當時是可以吃一頓飯。自此，我就偶爾去挑戰街頭棋局，賺點零用錢。

有一次遇到一位「伯父」，他又是逢人讓「雙馬」，一局下來，我雖獲勝，但贏得很辛苦。那人說：「小子，你挺厲害，我下一局只讓你『單馬』，但你先手兩步，如何？」讓「馬二」（即讓單馬及後二手）是僅次於讓「雙馬」的，我便答應下來。結果我在苦戰下落敗，把原來贏得的五角也還給他。我回去告訴師傅此事，他一聽便說：「這人的棋藝可能比我還高，是一高手。」又問我那人是甚麼模樣。我如實告之：「身材矮小，黑黑實實，有一排『煙屎牙』。」師傅說此人可能是俗稱「煙屎澤」的馮敬如（本名馮澤），是當年廣州四大

棋王之一。他剛聽聞馮敬如到了香港，因而有此猜想。我聽完後，心中暗自決定：以後不再沉迷下棋了，原因是棋藝厲害如棋王，也落泊得如此模樣，故絕不能靠它謀生。原本師傅希望培養我成為香港的棋手代表。當年香港棋壇代表是曾益謙，他還曾在蓮香樓頒獎給我，送我一本棋書。那時棋壇還有另一高手，名為李志海，常在電台講棋，我曾與他對奕，只讓我「單馬」，也與我和局，可以想像，我當時的棋藝，的確有一定水平。

我決定退出「棋壇」，立志向學。還有一個原因是看見樂觀酒家的生意雖然還算可以，但已留意到父親工作辛苦，他常因人手不夠而要「頂更」，天天勞碌，苦苦支撐茶樓，所以我決定不再沉迷下棋，並自此開始愛上看書。

第二章 立志向學

從棋王到學霸

　　我 12、13 歲退出棋壇，那時我讀中二，成績普通，學校以成績優劣分配到 A、B、C、D 班，我被分配到 D 班，即是最差的一班，在班上的成績還是中、下游。醒覺後決定發奮。到中三時，已升為 B 班，從此成績一直向上，這證明學生在少年時期，容易被外界所影響。

　　這時期亦是「立志」的重要階段。我開始愛逛舊書攤，但零用錢有限，限制了我買書的機會。適逢中三時政府進行人口統計普查，招募中三或以上的學生幫忙做家庭訪問，統計人口。我的班主任剛好是人口統計組長，問班中有誰願意幫忙。我第一個舉手，那時我還未開始長高，身材矮小，不過老師遲疑了一下後，最終同意我加入。工作完畢後，我賺到 138 元，當時對我來說是一筆巨資，已「好好用」。

　　不過，金錢還是其次，這次最大收穫，是讓我學會知足感恩。我負責家訪的地區是海壇街、界限街和南昌街一帶，全部都是舊唐樓，沒有電梯，大多樓高七層。我一放學便開始做家訪，這時候我才真正看到社會低下層貧窮苦況。之前以為自己的生活好慘，一經比較，我總算有個完整的家庭，有父母，有機會讀書。在那裏，有很多海員、建築工人的孩子，他們真的沒有機會讀書。自此，我明白到，自己其實已

很幸運。這次經歷，既賺到「外快」，又能了解社會民情，使我學會知足感恩。

我有個「大哥」

我讀書能有理想成績，必須感謝兩個好同學：曾任香港政府拓展處處長的黃鴻堅和在加拿大當醫生的譚志雄，二人現在都已退休。

在喇沙書院，黃鴻堅是我大哥，是我的學習榜樣。他父親是機械技工，家住荔枝角道。他由中一至中五都是全級第一，中學會考時更是五優多良，而我初升中學時仍很頑皮，四處遊玩，讀書成績並不理想，不過黃鴻堅卻喜歡和我同遊，我後來立心向學，一定程度上受他影響。我們雖然同班，但他年紀比我大少許，我便把他當「大哥哥」。在家中當大哥的我，在學校就以他為目標，鞭策自己。他也是一個很好的學習榜樣，他除了讀書了得，還喜歡踢足球和下棋，他棋藝不如我，只不過是因為我曾經苦學，而最難得是我們志趣相投。

為了節省車費，我們每日都徒步上學。那時學校是全日制，我們沒有錢買飯，又不想帶飯回學校吃，於是每日中午便徒步回家，父親每日在酒樓為我準備簡單飯菜，飯後又連

走帶跑地趕回學校上課。我們每日結伴同行，黃鴻堅比我走得更遠，要走到荔枝角。每日來回往返四次，訓練有素底下，後來我參加香港環島步行活動，全程 42 哩，要走約 10 小時才完成，正好培養堅毅的意志。

譚志雄也是愛讀書的人，但成績不及黃鴻堅。我有一次問他：「我們甚麼時候可以追上黃鴻堅？」他說：「不可能的，你怎可能追得上他。」我問為甚麼，他說：「你現在的成績才這樣，人家已拋離你不知多少，怎麼追得上！」我仍不死心，說：「我還是想試試。」譚志雄住在深水埗元州街，由母親獨力照顧，他母親每日都為他準備午飯，讓他在學校吃，所以不用跟我們一起走路。

這兩位好友對我的學習影響很大。黃鴻堅是我的目標，譚志雄在旁為我打氣，終於我在中六時，成績追上黃鴻堅。大學預科試後，譚志雄沒有得到香港大學取錄，便到加拿大升學，他先到一間普通的大學就讀，後來憑着優異成績轉校至多倫多大學醫學院，畢業後便在當地當醫生。

中四時，開始分文理科，我很清楚自己擅長理科。我一「開竅」，所有的數學定理、三角幾何都明白通透，在校內，我的數學成績已算得上頂尖，物理和化學也得心應手。中學會考時，本以為三科都可拿到 Grade 1，但不知何故，物理和化學只取得 Grade 2，反而地理取得 Grade 1，可能因為我

喜歡地理。最終我的會考取得兩個 Grade 1，5 至 6 科取得 Grade 2。我的目標是 4 至 5 個 Grade 1，所以看到這成績有點失望。不過現在回過頭看，其實也不要緊，成績只反映當時考試表現。此外，當時我很有信心的中文，因為其中一份卷失手，成績有差距，我的中文老師葉穎林說要替我覆核成績，我考慮後，還是拒絕葉老師的好意。

「大同與小康」

葉穎林老師是我其中一位恩師，他對我的影響，必須從《禮記・禮運篇・大同與小康》說起。退出棋壇後，我開始喜歡逛舊書攤，當時我已在課餘替小學生補習，加上參與人口統計普查時的酬勞，母親都讓我自己決定如何使用，也全賴這筆收入，讓我可以購買心儀的書籍。有一次，在書攤看到一本《禮記》，只售一、兩元，便將它買下。後來讀到當中一篇文章《大同與小康》，這文章改變了我的一生：我開始覺得，文章所描述的才是理想的社會。

有一次與葉老師談到我這種看法，他便說好。過了幾天，葉老師跟我說：「你的數理科已可以了，但光有數理，不足以有所成就，還要有文化基礎。既然你對《大同與小康》如此有想法，便應該對中國文化有更深入認識。以後周末有

假期時，就來我家吧，我請你吃蛋糕。」我告訴他：「老師，但我沒有錢補習。」葉老師笑着說：「我請你吃蛋糕而已，你喜歡便來，何況，我也未必有空。」之後他又知道我愛讀書，便推薦一些詩詞作品，為我指明路向。由於我較喜歡唐宋傳統詩詞，他就讓我自己學習。

葉老師啟發我對中華文化的興趣，進而日後尊崇中華文化。我更佩服他的識見，他早已留意到，認識中華文化，會對現代人有啟蒙的意義。在當時殖民地大氣候下，他啟發我們思考中華文化傳統的出路。

《大同與小康》之外，我還很喜歡背誦一些古文、詩詞，如《送孟東野序》、《正氣歌》、《登樓賦》、《岳陽樓記》、《秋水》和《滕王閣序》等，不過感受最深的始終是《大同與小康》、《岳陽樓記》和《送孟東野序》。《大同與小康》塑造了理想的社會；范仲淹《岳陽樓記》裏的「先天下之憂而憂，後天下之樂而樂」，提出所有人都應把國家、民族的利益放在首位；而韓愈在《送孟東野序》則提出不平則鳴。一篇文章、一句詩詞，已畢生受用，還令我更肯定文化的重要性高於科學，甚至「高於一切」。

葉老師還啟發我對歷史的興趣，他曾告訴我：「不要看那麼多興亡史，那只是用來應付考試的。」他希望我深入了解歷史的背後——歷史事件是如何發生的。我自行尋找不

同立場的書籍，如閱讀中國抗戰和內戰的歷史，我會兼看親國民黨及親共產黨的著作。在閱讀近代歷史的過程中，會看到「五四運動」時中國共產黨及親共產黨正是在中國政局動盪之際，為改革中國社會而出現。了解這段歷史後，我開始關心中國的發展，並留意香港的情況，我不禁想，香港也需要改革，但香港同時要保持國際地位。後來我參與香港的社會事務，更加深我這方面的想法：香港應該走自己的路，最終是必定回歸祖國的懷抱，在國際上發揮獨特的作用。

除中文老師外，我有許多老師都是外國修士，他們都是對學生要求嚴格的好老師。在我中五那年，我試卷犯了一個語法失誤，就要我罰站一堂，並警告我以後一個失誤都不能犯，其實他們是希望我以後更謹慎小心。其後在香港大學，到外國留學，都遇到我很尊重的外籍老師。

愛文化　幹實務

我鍾愛文化，但我必須從實際考慮。我剛讀完中五，父親跌倒受傷，酒家倒閉，作為長子，我必須擔起養家的責任。雖然我中學會考成績優異，獲得獎學金升讀大學預科，但課餘仍會教夜校和替學生補習，幫補家庭開支。我明白到，雖然我喜歡文化，但實用的學科能讓我改善生活和打好

經濟基礎。我也就順勢而行，入讀香港大學時便選修有興趣的土木工程。幸運地，我憑着預科試優異成績而取得獎學金外，還因為家境困難而申請得助學金。土木工程也是當時非常熱門的學系，那時香港開始大力發展基礎設施，對這方面的人才可謂求才若渴。那時我認為，任何地方若要發展，都需要基建支持，出社會後不愁沒有工作機會，故選擇土木工程學系。

天子門生

六、七十年代，能夠升讀大學的都是精英中的精英，香港大學的學生更被譽為「天子門生」。事實上，與我同住在利瑪竇宿舍 (Ricci Hall) 的舍友中，不少後來在社會上各有成就，例如同樣是「喇沙仔」，在喇沙時已一起踢足球的前香港貿易發展局總裁施祖祥，而黃霑當年在喇沙當領袖生 (Head Prefect) 時，更代表我們向學校爭取學校運動會後放假一天的福利，黃霑後來還跟隨饒宗頤教授修讀博士學位。可以說，當年出身於香港大學的同學，許多都各自在自己的領域作出貢獻。

當年的「喇沙仔」大多是窮學生，但在利瑪竇宿舍，我就接觸了一個新的朋友圈子，當中不乏富家子弟，也有不少

後來是香港的著名醫生。入住宿舍前，我們新生都需要先接受兩星期的「新生訓練營」，期間學習跳舞、飲酒和交際等，遇到學長時必定要低頭叫「阿 Sir」。這種訓練很有用，因為當年能夠入讀香港大學的人都可說是千中挑一，故剛入大學的學生都自以為是「天之驕子」，自視甚高，經過這些訓練，便可消減我們的傲氣。

對我而言，大學生活是我人生的「脱貧」階段。我從深水埗的唐樓一下子搬到薄扶林，面向西環，天天看日落，政府資助我膳食、住宿、讀書，還給我一筆獎學金，可說是生活無憂。當然我仍要養家，定期給母親家用。我答應過母親，以前父親賺多少，我同樣給她多少，所以讀書外，我繼續教夜校、補習，還有談戀愛、結婚，可以說，我身兼多職的大學生涯是「濃縮」的人生，這段時間也過得特別開心，生活環境改善，視野也廣闊了。

利瑪竇宿舍是天主教神父主理的，神父偶然會在晚上找我談天，希望我多支持天主教，我曾與他辯論：「天主教救世理念實是很好，但撒哈拉沙漠那個酋長的品格也很好，卻從未聽聞過聖經，那是否他便不能上天堂呢？難道他就要下地獄？」神父希望我「決志」，我就以中華文化與他辯論。聽得多講得多，我的英語水平便不知不覺中大大提升，為我日後往外國留學、在職場上都大有幫助。

大學二年級時，我迎上大時代的衝擊，中國內地發生文化大革命，影響到香港也發生六七事件，罷工罷課外，市面還佈滿「菠蘿」（土製炸彈），校內許多同學紛紛「歸邊」，或支持，或反對。那時我未熱衷政治，只大概明白事件主要因受內地文化大革命而影響到香港。文革對錯自有歷史判斷，不過它卻令我再次閱讀有關中國的文章。初升上大學時，我為了專心應付大學的功課曾暫停閱讀與中國有關的書籍，這次動亂卻觸動我重新了解中國近年發生的事。這些事不能在書籍中找到資料，只能從文章、報章雜誌找到答案，當時找到的內容大多對共產黨持負面評價，但我相信以後歷史自有公論。這段時間我沒有參與任何政治活動，只專心讀書、賺錢養家和談戀愛。反而日後往加拿大留學時，因參加保衛釣魚臺活動，開始關心中國的發展。

　　我在香港大學以一級榮譽畢業，但總覺得自己還有許多東西需要學習，便修讀碩士課程，我的指導老師 Professor Peter Lumb 是一位英國人，我跟隨他研究岩土工程的土壤力學（Soil Mechanics），選這一學科的原因是當時香港經常發生山泥傾瀉，究其原因是泥土問題，而基礎建設必須深入了解泥土。當時岩土工程是一門很新的學科，兩位創始者 Professor Terzaghi 和 Professor Peck，當時仍然在世，分別住在美國和加拿大。由於岩土學是新學科，不像一般的土

木工程學已有既定的理論和框架，因此只能自己摸索，同一片土地不同位置的泥土成分也有很大分別，尤其泥土當中的水分含量十分重要。我的碩士研究題目，便是研究水如何影響泥土，從而導致山泥傾瀉。我當時觀察到大雨過後，泥土吸收大量水分便會變得鬆軟，及後便很容易引發山泥傾瀉。Professor Lumb 讓我證明這個想法，因而讓我使用實驗室，專門研究其規律，希望找出預防方法。如是者，我便在香港大學修讀了兩年碩士課程。這兩年政府也提供一筆補助金給我，課餘時我仍兼職教夜校。

當公務員不是我杯茶

那個年代，很多人都認為年輕人學業有成後，最好的出路就是「當官」——做公務員。堪稱香港最高學府的香港大學更被視為培養公務員的基地。我以一級榮譽畢業，隨時可以投考政府部門，甚至成為政務主任。不過我認為，香港的尖子不應該只有一條出路，人才應該分佈在不同的領域範疇，可以從事工業、商業、教育、科研、文化和體藝等。黃霑不就是成為香港流行曲的填詞大師，成就卓越，影響遍及幾代中國人和海外華人。當然這與他有深厚的中華文化修養有關。

而且我對研究工作很有興趣，便決定留校升學。此時香

港經歷六七事件後，經濟情況未穩，猶如大病初癒，需要時間復原。加上我覺得自己對工程的認識仍局限在理論層，需要進一步探索，便決定多讀兩年，再決定是進入職場抑或再攻讀博士課程。

兩年的碩士課程中，我確曾考慮過個人前途問題。如果加入政府，我有信心自己會是一名很好的 paper pusher（處理文件的人），要是加入當時的工務局，更是理所當然，但我仍想在知識上更上一層樓，當時正在加拿大讀醫科的譚志雄鼓勵我繼續攻讀博士課程。我的女朋友，即現在的太太同樣支持我。加上弟妹已開始投身社會，分擔了養家的擔子，減低我的後顧之憂，所以就決定繼續修讀博士課程。

獲獎學金負笈加國

Professor Lumb 得悉我的想法後，便建議我申請英聯邦獎學金，老實說，當時對申請英聯邦獎學金一點概念也沒有，想想我在喇沙書院雖然是全級第一名畢業，但是到了香港大學才知道天外有天，人上有人，比我出色的學生多的是。他推薦我申請英聯邦獎學金，可能是覺得我的碩士論文對泥土、山泥傾瀉、岩土工程這一類研究，很適合政府當時的需要吧！

其實我想去美國，自己亦成功獲得麻省理工學院（Massachusetts Institute of Technology）和加州栢克萊大學（University of California, Berkeley）取錄，可惜美國不屬於英聯邦，而這兩間學校又沒有頒發獎學金給我，唯有放棄。英聯邦獎學金計劃規定申請人必須在香港出生，獲得獎學金的學生可選擇往英國或英聯邦國家修讀博士課程，但畢業後必須回香港工作不少於三年。申請英聯邦獎學金需經過面試，申請人需接受七位面試成員輪番詢問，其中一條問題是我的工作理想，我的答案很直接 —— 希望香港的建築更安全。幸運地，我獲頒英聯邦獎學金。

這時候，我又開始考慮到哪個英聯邦國家留學了，結果我選擇了加拿大。加國提供的條件很理想，除資助大學的費用外，還包括家人生活費、醫療保險、研究會議、津貼和差旅等費用。加拿大東部的天氣和香港很不一樣，一年中有五、六個月下雪，但當地土地遼闊，風景名勝數不勝數，也很接近土壤工程的兩位創始人，有機會聽他們的課，便決定選擇安大略省京士頓鎮的皇后大學。

負笈加國之前，我還做了一件人生大事 —— 結婚，我1969 年結婚，翌年便與太太一同前往加國，剛出生的兒子只好由我父母照顧。

也許加拿大也是一個移民國家，人民的性格也較平等

開放，而平等自由的氛圍亦培養了我的待人態度 —— 人人平等。

修讀博士課程一般為期三年，不少學者更要五年或更長時間才能取得博士學位。博士課程的第一年是補修一些本科和專授課程，考試及格才開始選擇研究課題，經指導教授同意，才可以進行研究，撰寫論文，再提交畢業論文，經校內和校外教授最後同意才可通過，但我「濃縮」為兩年就完成。第一年，我再次發揮「考試機器」的能力，修畢所有本科和專授課程，考試時更取得「Straight A」，即所有學科評分均為「A」。到選題目時，教授很快便批准我的論文題目和方向，我還有機會選擇導師教授。由於我的研究經費由加拿大政府支付，不需動用個別教授專用的科研基金，所以他們都很歡迎我加入研究團隊。幾位教授對我都很好，一位非導師教授還多給我一套實驗儀器，又有教授邀請我研究他們的課題，不過我還是決定繼續研究泥土的實際應力問題。由於我很快便決定研究方向，又有充足的研究設備，因此我一修完課程後，便開始着手博士論文的研究和撰寫，比一般人早了一年完成。兩年修畢博士課程，更打破了該校的記錄。

我本來計劃在加國三年的，獎學金也提供我三年的學費和生活費，而且資助我交流費用。第二個學年時，我還買了一輛二手車，放假時就與太太到美加各地如紐約、華盛頓

和魁北克等地，飽覽風景名勝，多認識當地文化民情。七十年代初正值美國國力發展至高峰，其民風民情，以至教育制度，都非常值得我們學習。我們還去了麻省理工學院的圖書館、實驗室開眼界，香港的設備與它相比，可謂望塵莫及。我那時更幻想：如果能在這裏工作就好了，可以與頂尖人才共事、研究，必有成就。可是現實卻不可能，因為我還要回香港工作，履行英聯邦獎學金的規定。

第三章 | 事業啟航

學成回港

正當我快要完成博士論文時，我接到香港的 Professor Lumb 的來信，通知我秀茂坪和旭龢道先後發生山泥傾瀉（1972 年），希望我可以回香港協助工作，於是我以最快時間完成博士論文，6 月底便提交給教授審核。教授表示：「你的進度太快，我會找我在學術上的『競爭對手』幫忙審閱，你要做好充分準備。」我問教授：「我最快可以甚麼時間畢業？」教授又說：「由你入學那天算起，最少也要足兩年時間。」我的博士論文由三人審核，歷時兩、三個小時，讓我清楚說明論文內的論點和支持數據，最後，他們通過我的論文。我便在修讀日子剛過兩年的那天飛返香港。

回港後，我入職一間英國公司費爾文霍士顧問工程公司（Freeman Fox & Partners），讓我負責地下鐵路的前期工程，為後來的香港鐵路有限公司服務。我負責土地勘察的前期工程，如鑽探、測試岩土、收集資料，寫成報告提交予上級進行總體規劃設計。地鐵初期規劃兩條路線，即港島線和觀塘線，並以觀塘線優先。我的工作是到現場視察、收集岩土樣本進行實驗測試，分析土壤成分，取得數據後反映給負責的工程師，由他們決定具體路線安排。他們覺得我的表現能幫上忙，便讓我參與他們的路線制定小組。那時我只是助理工

程師，剛大學畢業便投身社會的同學如黃鴻堅等都已取得工程師的專業資格，成為註冊工程師。不過我很清楚，四年的碩士和博士課程給我的知識領域，一定會令我的前路比別人走得更靈活，出路更闊。

後來我被調派往偉信顧問集團有限公司（Scott Wilson Kirpatrick & Partners），這公司是當時香港最大規模的土木工程顧問公司，兩家公司共同參與鐵路工程規劃設計。我參與期間，見識了如何進行大型工程管理，也累積了相關經驗。雖然我當時只是初級工程師，但我細心觀察，了解工程和管理的程序，需要甚麼資料，具體考慮的因素等，這些無法在書本上學到的知識，正好給我實實在在的培訓。

我回港首年，已申請成為英國土木工程師學會會員（MICE, Member of the Institution of Civil Engineers），取得專業工程師牌照，月薪亦由兩千多增至三、四千元。工作一段時間後，我先後加入美國土木工程師學會和加拿大土木工程師學會，香港工程師學會於 1975 年獲通過成為法定團體後，我又申請加入為會士。我的工程專業發展平穩，要是一直留在工程顧問公司，我的事業路線圖是逐步升至工程負責人（Project Director），再成為合夥人（Partner）。但我留意到，當時的顧問公司合夥人多由外國人擔任，感覺是外國人優先，本地工程師能攀上這職位是：難、難、難！雖然我未達

到這階層，但我明白：前途會受到局限，這也是殖民地時期的香港的普遍現象。

剛好這時有一朋友容應豪，他是恒基土力工程（建築）有限公司（HK Soil Mechanic Ltd.）的股東，另一股東是地產發展商嘉年地產。容應豪將被派往馬來西亞吉隆坡負責大型屋邨興建工程，他欲邀請我出任他在香港原有的職位，更表示我可以買下其公司一半的股權。

我深知自己要到新環境才有出路，與其「等運到」，不如主動出擊，我參觀了恒基土力工程公司，規模雖然不能與費爾文霍士和偉信相比，但規模小正好給我自由發揮空間，而且公司設有頗具規模的土力工程試驗室，又有自己的顧問公司。實驗是我擅長的，我也有 MICE 等專業資格，於是我接受這新挑戰，於 1974 年接替容應豪的位置，繼續為客戶提供混凝土和材料的實驗室檢測服務。也因為這工作，我曾到過李嘉誠先生、李福兆先生等社會名流的家或地盤，視察斜坡，並給予專業意見。

恒基「中轉站」

但誰會想到，恒基竟然是我事業軌道上轉乘另一班列車的「中轉站」！（從工程專業轉投商界）。原來恒基是嘉年地

產有限公司的子公司，嘉年當年是一家具規模的上市公司，業務涵蓋建築、電業、物業管理、地產發展和財務公司等，業務多元化。它的創辦人彭國珍先生很有人情味，日後我待人處事的方式很大部分都受他影響。有一次嘉年舉辦周年旅行，我也有份參加。我們搭乘港澳客輪前往澳門，在船上沒有事情可做，眾人便在大艙裏打麻將。我只附屬於一家小規模的公司，認識的人不多，他的弟弟彭國熙先生招呼我過去打麻將，年輕的我作風進取，如下棋一樣，喜歡「搶攻」，我不斷「造大牌」，番數不夠大也不吃胡。

回港後第二個星期，嘉年的財務董事召喚我到總公司，詢問我的背景和工作情況，我好奇地問：「嘉年這麼大的企業，也會留意我們這麼『細眉細眼』的公司業務嗎？」他告訴我：「我們有一個內部工程部門，負責跟進屬下不同公司的發展的。」又過了兩星期，另外一位董事約我到公司共膳，席間他說：「KK，我有一個 offer 給你，這與你過去的工作有些不同，也不知道你能否勝任，如果你有信心，我可以讓你試試。」我便問他是甚麼工作，他續說：「我們發展部門有一經理要離職，當中有兩、三位建築師可以升任這職位，但晉升任何一個都會令其餘兩個不服氣，所以我要找外人『空降』出任此職，你的資歷符合要求，但你過去未有相關經驗，如你願意，我就安排一個發展部總監協助你，你考慮一下吧！」

我聽後覺得條件確實不錯，薪酬也一定吸引，但想深一層，這意味着我要放棄土力工程方面專業發展的本來路向，變成參與工商管理的工作，要是無法勝任，我便需從頭做起。我思考片刻，便說：「我可以擔任經理一職，不過條件是我要保留原來在恒基的職位，兼任兩職。」他笑笑說：「可以，但工資不會增加啊！」我們都心知肚明，我是為自己留後路。

我的事業自此便迎來「轉軌」。《易經》裏提到凡事順天而行，上天總會給你機會的，但你要做好準備。就如修讀博士課程，三年課程我卻只用兩年完成，剛好香港發生嚴重山泥傾瀉，我得以提早回港工作。回港後加入嘉年，又給我晉升機會。當然，能得到機會也不全靠運氣，可能他們觀察到我認真的工作態度，且為人忠實，我在視察工程進度時十分嚴謹，不容有人偷工減料，一旦發現必定嚴懲。

有一次彭國熙先生問我：「博士，你知道為何當日會選你升任經理嗎？」原來在船上打麻將時，彭國珍先生一直站在我後面「觀戰」，他欣賞我的進取精神。而且我過往工作認真、勤力和不取巧，因此便給我這機會。

我擔任發展部經理後開始接觸到人事管理、辦公室政治問題。學生時代，只需要想着自己如何得第一，別人如何與我無關。在職場上，尤其是當上管理層，便要學懂如何收斂鋒芒，如何應對大公司內的利益爭奪，如何與人合作，更要

學會如何說服持相反意見的人。一次又一次的學習，一次又一次的蛻變，我由「街童」變成勤學生，在專業上得到認可，現在又學懂經營人際關係，我實是幸運，得到很多機會，又有貴人提點，啟發我的思考，一點一點慢慢學習。1977 年，我獲邀加入董事局，並成為公司內最年輕的董事。自此，我有機會了解更多經營企業的細節，包括買賣股份的準則，也知道了甚麼是年報、核數師報告、財務預算表、現金流、人才組織和工程管理等，加上如何分配工作、如何與建築公司協商合約等等，這些都是一邊做一邊自學。老闆也對我有信心，給我放膽試的機會。

而這次的升遷，還造就我事業上的轉捩點—從本來計劃向學術和專業發展變成工程地產發展公司的管理人。

從《易經》學習風水

我性格開朗，喜歡新事物，每有機遇和挑戰，我都來者不拒。接受新工作後，我又開始學習新知識：如何「開則」、用甚麼材料、如何分佈燈槽電線的位置等等，我都要學習。有一日，一位老臣子取笑我：「博士，你這『番書仔（接受外國教育的人）』不行。」我訝異地問他為何，他告訴我：「你的設計佈局不合風水原則。」然後着我學習風水。之後那位

協助我的發展部總監跟我解釋，風水學也是一門科學，他先叫我留意一下佐敦、油麻地一帶，一條街道兩邊，為何一邊人氣旺盛，另一邊卻冷冷清清，即所謂「陰陽街」，原因是每天日落西斜，陽光會集中曬向冷清的一邊，人流自然往對面街道聚集。

我向來鍾情中華文化，學習風水，應該難不倒我，我便由《易經》開始。閱讀《易經》時，我開始思考命運是否早已注定這題目：到底有沒有命定論、為甚麼要學風水、《易經》為何得以流傳百世、占卜星相是否靈驗等，後來我發覺，這一切都牽涉到傳統中華文化。而另一發現是，我初時以為很少知識分子會研究風水命理，其實不然，尤其讀數學的人很熱衷鑽研風水命理。《易經》之外，我開始閱讀相關題材的書籍，漸漸對這方面有所研究。後來，我更覺得風水命理確有其用，我用來觀人的面相，十分準確。風水命理蘊含中國數千年的文化，箇中智慧是只能意會，難以言明。最後，我構思了一個「三維」系統，利用一些 Wave Theory 在理論上解釋人的命運、分析人的運程。它不表示人一出生就「好醜命生成」，必定經過先天與後天因素結合的影響，而且是後天影響先天。天道循環，否極泰來。再來，先天與後天如何配合，推動人走向運程頂峰；在低潮時又如何避免每況愈下，這些都能在《易經》中領悟出來。

眼睛去旅行到踏足錦繡河山

彭國珍先生畢業於中山大學，是一位愛國商人，他與一家中資地產公司僑光置業有限公司的負責人梁燊先生份屬好友。1975年，梁燊組織旅行團往廣州和廣西旅遊，彭國珍先生推薦我參加。

我立即想起留學時期買了一本香港商務印書館出版的《錦繡中華》畫冊，書中便有廣州和桂林美景，當時已有到訪內地的心願，如今有此機會，自然馬上答應。但想到中國內地正值文化大革命，我不禁憂心問道：「文革回內地，怕不怕？」梁燊先生笑笑口說：「謹記切忌多言，小心便可。」就這樣，我便隨團出發，由尖沙咀火車站出發到了羅湖，一行人拿着「回鄉介紹書」過關，從深圳搭乘火車抵達廣州，便入住華僑飯店。我們遊遍當地極具歷史價值的五層樓、五羊石像、黃花崗烈士公園和著名私塾陳家祠（陳氏書院）等；再驅車前往從化浸溫泉，很是寫意。然後，再搭乘飛機前往廣西桂林，暢遊灕江。首次踏足內地，也讓我得見文革後期的中國。

參加國慶觀禮團

隨着 1977 年我獲委任為嘉年的董事，我要管理的事務也愈來愈多，包括建築工程、土地買賣和地盤規劃等，頗為忙碌。

1978 年，彭國珍先生和霍英東先生等香港工商界知名人士獲邀赴北京，國務院港澳事務辦公室主任廖承志向他們表達了國家的改革開放政策外，並提出希望興建幾家國際水準的旅遊飯店，為開放旅遊業作準備。

訪京團回港不久，彭國珍先生獲邀參加國慶觀禮團，但因為行程 20 多日，他擔心太辛苦，便派我當代表，還代他出任副團長，我實在求之不得。看一看觀禮團的行程：故宮、長城、重慶、長江三峽和武漢等，最重要還有新疆。老闆給我的任務是在行程後寫一份報告記錄心得，於是，我便名正言順的放下工作，與太太一起享受這次「悠長假期」。

這次旅行是我的人生轉捩點，它讓我見識到新中國的管治，並決心為國家一盡綿力。我過往都有閱讀近代史，兼看親左、親右的文獻，每次看到六七事件或文革後期的記述，都令人憂心忡忡。回想起 1975 年首次踏足內地，我對太太說過：「中國要強大起來，還有很長的路要走。恐怕我們這一生也無法看到中國再次富強。」但這一次到訪，我由下飛

機開始，已感受到內地人員管理得井井有條。 我在嘉年已累積了一定的管理經驗，亦學到如何觀察別人的管理水平；再觀察市容，當時正值國慶，首都自然是市容整潔，街上行人都劃一的白衫藍褲，但他們神情充滿朝氣，絕不是我想像中的滿臉愁容，他們的臉容像告訴我：「明天會更好。」

國慶當晚，我們出席在人民大會堂舉行的晚宴，這也是我首次踏足人民大會堂，我們坐香港席。我跟許多香港人一樣，實在聽不懂鄧小平副總理的四川話，翌日看到報章時才知道他說中國的改革開放已來到，要求港澳同胞協助，希望我們多做貢獻，當然也有提到中國已開始撥亂反正等等。

第二晚由國務院港澳事務辦公室主任廖承志宴請，他是廣東人，我們便可以廣東話交流。由於我是代表團的副團長，故與廖承志主任同席。當時只有三十多歲的我也是團中最年輕的成員，與廖主任近距離交流，使我得以學習領導人的言談舉止，他說話很有親和力，每當講至中國苦況時，都使我們為之動容，他更嚴厲批評文革。他的說話也證明我當年對文革抱懷疑態度以及沒有附和六七事件的想法正確。

離開北京後，我們一行人便走訪新疆。在新疆下機時，旅遊巴士直接駛到登機口接載我們，我們往車外看了不久便開始懷疑：怎麼有這麼多「外國人」？原來是維吾爾族人的五官突出，面容裝扮充滿異族風情，實在太美麗了。我們在

車上看他們，他們也在車外看我們，大抵他們也奇怪：這些奇裝異服、「扁咀扁鼻」的是甚麼人。到達風景區後，我的「職業病」發作，我因熟悉泥土，又讀過地理，留意到此地地質是堆積岩，理應藏有寶石，於是四周查找，可惜沒有收穫。

離開新疆後便轉赴成都，我們遊遍青城山、都江堰、武侯祠和杜甫草堂等，當年只能在《錦繡中華》看到的景色，終於親歷其中。然後我們從重慶登船經長江三峽往武漢。當時長江還未建成低壩，我沿途享受着瞿塘峽、巫峽和西陵峽的三峽景色，《錦繡中華》裏一幅一幅的畫面，實實在在的出現眼前，我也把握時機，用照相機一一記錄下來，回家後就一張一張與《錦繡中華》裏的圖片作一比較。

21 天的行程圓滿結束後便向老闆匯報：「中國的現況比過往已大有不同，中央也表明要着力改革，請港澳同胞支持，邀請我們回去開拓商機，而且改革是全方位進行，在建設、教育、基建、工商業等都需要發展。」老闆問我：「那麼你認為有甚麼可以做？」我直接說：「我不清楚。不過現時人民幣較難兌換外幣，拿港幣進去投資較難兌匯回來，所以我不贊成上市公司進行沒有外匯回報的計劃。」老闆又問：「那甚麼生意可以賺外匯？」我說：「唯一就是旅遊，不然便從事外貿，不過外貿不是我們的業務範疇。」他便說道：「那就發展旅遊吧。」我問：「那做甚麼項目呢？」他說：「那就

興建酒店吧！」我說：「酒店的收成期很長的，有別於從事房地產，投資周期短，買地回來未建成樓宇已可以賣樓花，回報較快。興建酒店是一個長遠計劃，未必適合我們。」但他說：「也可以的，最多我們貸款。」我說：「那就試試吧！可是在內地投資，沒有人脈關係會寸步難行，你認識與內地關係密切的朋友嗎？」他大笑一聲說：「當然是找東哥（霍英東）啦！」我說：「好極了，霍先生在內地的人脈廣，名氣響，很有號召力。然而以我們公司現時的資金，未足以建成一流的酒店，但建二流的酒店又沒有價值，酒店既要對外，就要講求質量，要做就要做最好。」他說：「這個當然，東哥也喜歡做第一。」我說：「既然這樣，這個計劃就請他牽頭，我們輔助。由他佔大股，我們佔細股好了。」老闆同意，並派我跟進。興建白天鵝賓館的構思就此誕生。如是者，我 1978 年 10 月在北京參加國慶觀禮團，兩個月後又回到北京，陪同彭國珍先生、霍英東先生、霍震霆先生和他當時的太太朱玲玲女士等人與國家旅遊局簽約，當時賓館還未正式取名為「白天鵝」。1978 年，是中國內地開始對外開放的一年，也是我人生轉變的一年，我還想起鄧小平副總理的說話：

中國的改革開放已來到，希望港澳同胞多做貢獻。

首個中外合資項目—白天鵝賓館

也許我的匯報說中了彭國珍先生的想法，又或者彭國珍先生早有打算讓我協助他發展中國內地市場，所以白天鵝賓館這龐大計劃就由我跟進。

最初廣州市政府給我們三個選址，包括越秀區流花路一帶，即中國大酒店現址；二是越秀區環市東路，即花園酒店現址；三是沙面，即白天鵝賓館現址。我向霍英東先生建議，從商業角度出發，中國大酒店現址交通方便，又位處市中心，必定能吸引大量旅客入住，是最理想的選擇。但霍英東先生堅持選擇沙面。他的原因有二：其一，沙面享有江邊美景，是三處選址中景色最怡人的；其二，沙面是第二次鴉片戰爭時廣州租予英法兩國租界，有深刻的歷史意義。他相信，隨着改革開放，將來在全國市中心興建酒店並非難事，但全國沒有多少個如沙面一樣特殊的地方，因此他堅持選址沙面。

然而我基於建造難度和成本問題而不同意選擇沙面。我是土木工程師，很了解在江邊建酒店的難處：江邊土地因接近水域，泥土鬆軟疏滲，地下建築較困難，不能用一般方式建造地基，因此可能要使用當時法國承造的「Diaphram Wall」方式，以膨脹泥土注入事先挖好的擋土牆空間，再注入三合土。如此一來，建造成本就要增加，建築時間起碼也要多半

年。霍先生聽後笑起來，他說：「你不知道我以前是做甚麼生意的嗎？我是專門挖海沙、河沙的，水泥物料問題交給我辦好了。」既然霍先生這樣說，我便依從他的決定。霍先生的經驗和遠見，使在沙面興建的白天鵝賓館如期完成後，成為全國首家利用外資興建的甲級酒店，奠定了劃時代的價值。

白天鵝賓館是一個新型項目，是新中國成立以來首個中外合資的項目，利用外資建設的甲級國際酒店。與外商磨合，亦象徵社會主義利用資本主義模式的首次合作計劃，意義重大。發展白天鵝賓館，我們開創了許多先河，例如我們向國外銀行借貸，過往是不可能的，但這項目的總建築費超過兩億元，在當時是天文數字，為了實現借貸，我們衝破重重「關卡」：由政府擔保、相關官員批准，以至與中央各部委及各所屬單位溝通協商等，而內地相關部門亦逐漸適應這些新安排。

霍英東先生深得國家信任，又熟悉內地，所以我們是跟隨霍先生的指引進行規劃，在實際操作上，則主要由內地團隊負責。我們在內地組建建築團隊和設計團隊，由港方提出大方向，然後由內地執行。然而內地有一套自己的程序，當時內地找來兩位最資深的建築大師：佘畯南和莫伯治，二人專程從北京到廣州協助香港的設計師一起設計。香港一方提出設計大概念以及現代化的國際酒店規劃，再與內地協商細

節，完成圖紙。由於內地朋友當時對現代化的國際標準的要求認識不深，面對這項新嘗試，過程自然有不少挑戰，所以資金方面還不算難事，真正困難是在內地執行如此龐大的規劃時需要進行的協商和溝通。

根據規劃，白天鵝賓館會興建 1,000 間客房，當時絕對是龐大的工程項目，我們亦要準備後續工作，包括供電、購置設施、安裝冷氣、修建道路等等的細節安排，香港和內地團隊往往有不同想法，這需要彼此商量，互相理解，拉近雙方分歧，以做到既能符合內地規範，又能達到國際賓館的水平。例如內地有些朋友說白天鵝賓館面對着珠江口這重要的戰略位置，應該在天台設置保安塔，派軍人長期監視。我認為這會為客人帶來不安，不大可行。諸如此類的不同意見，我們便要解釋、說服、磨合，達成共識。

日後我參加很多與內地合作的工業項目時，都遇到類似情況，我亦採用同樣的方式應對。我過去接受西方教育，在外國留學，了解西方那一套只講條文，事事依既定程序執行的方法太過「硬蹦蹦」，與中國內地合作，就不能完全套用西方那一套，而要在合法、合理、合情下進行協調、磋商，雙方都願意讓步，自然會達成一致的意見。

1979 年至 1980 年初，我許多時間都留在廣州，以便跟進白天鵝賓館的進度。我住解放北路的迎賓館，是當時最好

的賓館了，即使霍英東先生到廣州時也是入住這賓館。當地仍比較落後，還未有計程車，只有三輪車和公車，我每日便徒步來回賓館和工地，走一次大約 45 分鐘，剛好當做運動。而走路正好讓我更「貼地」了解當時內地人的生活，明白他們的困難和需求。這工程令我有機會認識了一批內地工程師、建築師和管理層外，我更經常接觸基層工人，了解他們的工作情況。工程初期，工人的工作態度的確有欠積極，後來我們用一些獎勵方法吸引他們，他們的工作就變得主動積極起來。我心底裏開始盤算，在中國內地發展，大可採用多勞多得的管理方針，只要手法正當，內地法規應該是容許的。

又因為這段時間是文革剛結束，使我有機會接觸到很多剛得到平反的老幹部，他們當中許多都赫赫有名，復出後大多身居要職。我很敬佩這輩共產黨員，他們做人做事都堅守原則，無怨無悔地繼續為國家服務，又令我想起《大同與小康》，而當時的中國社會正好與大同社會十分相似。所以我深信，社會主義很合乎中國現代發展的路向，這亦是我積極支持國家發展的原因。

當然，我也經常回香港處理嘉年在香港的業務和內地其他投資項目。當時我兼任嘉年旗下的建築公司的總裁，曾帶領團隊興建香港首個「居者有其屋」計劃的屋苑—觀塘順緻苑。英國副首相卡拉漢（Leonard James Callaghan）訪港時，

我還與香港總督麥理浩爵士一起陪同他視察工地。

白天鵝賓館工程進行期間，彭國珍先生曾對我說：「東哥愛國，我也愛國，雖然我的資產不如他，但我們也可多找其他項目與內地合作發展。因此，白天鵝賓館之後，嘉年陸續在深圳和東莞亦有投資項目。

投資深圳、東莞

1975 年我首次回內地時，深圳只是個小鎮，人口僅二萬多。1978 年深圳成為中國內地改革開放政策的試點之一，當地官員邀請我們回去發展。我曾經問：「深圳有哪些地方需要發展？」他們直接地說：「我們甚麼都需要。」那時候我已打算辦教育，但不知道哪裏來的想法，覺得發展教育必先發展印刷，才能生產書本；即使發展工業，也需要印刷技術，處理產品包裝。所以在白天鵝賓館項目落實後，我也建議公司開設印刷廠。深圳市政府知悉後，很快便跟嘉年簽訂合作協議和撥地建廠。他們當年撥給嘉年興建印刷廠的土地，正是現在全深圳最繁盛的地段——華強北路，即今天電子城的位置，佔地約 40 萬平方呎，要是這些土地保留到現在才發展商業，利潤之高可以想像！

我們着手興建印刷廠後，深圳市官員又問：「你們在廣

州辦了一個賓館項目白天鵝，在深圳也辦一家吧！」就這樣，嘉年沿用了興建白天鵝賓館的內地團隊和香港團隊，籌建深圳東湖賓館。東湖賓館在湖邊興建，風景優美，可說是風水寶地。當然，這段時間，我不時往來深圳和廣州，負責兩地的投資項目。

1980 年，東莞市政府亦邀請我們投資賓館。東莞莞城有一家賓館，位於東莞市中心，我們將它原址翻新，建成了東莞賓館，至今仍在經營。

伴隨着這幾個項目逐漸成形，我一再問自己：是去，是留？留在地產業發展，可能變得很富有，但地產行業的局限性很大，項目建成後便等收錢，是一個容易「養懶人」的行業。離開，前路又會是怎樣？我不希望 30 幾歲便困在「舒適圈」裏，我更渴望見到成果所帶來的成就感。太太亦對我說：「生活安定已足夠，做你喜歡、想做的事吧！」她是我最有力的後盾。1980 年，我便離開嘉年。

1983 年彭國珍先生去世，嘉年亦因幾個投資上的錯誤而倒閉。當年嘉年是香港的知名發展商，多個優質項目如嘉慧園、豪園、嘉苑（肇輝臺）和銀線灣別墅等，至今仍是知名豪宅。彭國珍先生的成名作「八文樓」（佐敦道舊碼頭旁的文華新村），當時都是質量很高的項目。可惜一子錯滿盤皆落索，今天再看不到嘉年，令人唏噓。

我的最強後盾

　　提到太太秀宜，我必須感謝她，她是我生命中的最強後盾。

　　秀宜畢業於香港大學英文系。為賺取收入，我們在同一間夜校先當暑期兼職，暑假後繼續留校任教和參與管理工作，因而互相認識，相處下來，發覺我們志趣相投，自自然然便走在一起。

　　大學畢業後，我在港大修讀碩士課程，秀宜則繼續在該學校任職行政管理，直至我成功申請到英聯邦獎學金往加拿大升讀博士課程。由於獎學金頗豐厚，可以應付二人生活，她為免大家相思之苦，便放下工作，陪伴我一起到加拿大。學成回港後，我為事業衝刺，她起初重回學校的行政崗位，之後為興趣重返母校瑪利諾修院學校再執教鞭，我倆有同一心願：給家人安穩的生活。

　　幾年後，我們總算有些積蓄，生活安定，這時候我卻想走出「舒適圈」。秀宜為我細心分析，認為我們工作的收入足以應付家中開支，便贊成我離開最「搵錢」的地產業，投身可能「零收入」的教育行業。在主政「澳門東亞大學」期間，秀宜在她校內的行政工作雖然已十分忙碌，但家中老幼、大小事情，她都一一照顧妥當，讓我安心全身投入建校

工作。之後在內地創業、參與公職和推動文化事業等，她都「開綠燈」全力支持並鼓勵我做自己喜歡做的事。

即使我近年開始周遊列國，她也不顧自己的腳部舊患，與我結伴同遊中外歷史名城，認識不同文化，共度每一刻時光。

在事業上，她是我的強大後盾，生活上，她是我的知己良伴，圓滿我的人生。

第四章 ｜ 教育報國

在白天鵝賓館即將籌建完成時，我已萌生離開嘉年的念頭。同時我不斷問自己，在改革開放大環境下，我們可以做甚麼幫助中國發展。我得出了三個答案：第一是發展商業，它是推動內地經濟發展所必須的「硬件」。第二是發展教育，雖然內地不乏管理人才，但他們的管理模式跟外國是有出入的，所以可以在香港培訓相關人才，以迎合改革開放的需要。第三是實業興國，發展工業。後兩者更萌生我日後發展教育和自己創業的念頭。當然，我也留意到國內社會對人才以及香港實業家到內地發展工業的需求。

我很幸運，父母雖然讀書不多，但都非常重視子女教育，希望我們成才，我和弟妹也沒有辜負父母的期望，各有所成。喇沙書院培育了很多優秀的學生，我把他們分為「第一級」和「第二級」。「第一級」的尖子都順利進入香港大學，而「第二級」其實也是一批很有才能的人才，可惜當時香港仍推行精英教育，政府只營辦香港大學和香港中文大學，學位非常有限，令「第二級」的人才被迫四散到海外升學，如加拿大、英國、澳洲等，隨後在當地安居樂業，為當地作出貢獻。像我的好同學譚志雄，在加拿大醫科畢業後便留在當地當醫生，他們都是很優秀的人才。看着這批海外學子各有成就，我深信，教育是培養人才，協助國家持續發展的基石，所以我開始構想在香港籌辦大學，以補香港大學學位的不足。

於是，我和朋友向香港政府提出希望在大埔康樂園覓地建校，可惜政府以教育條例規定大學必須由政府營辦為由，拒絕開辦民營大學，我唯有打消這念頭，但過了不久，我便想，香港「不留人」，就「轉戰」澳門吧！

籌建澳門東亞大學

當時澳門人口只有 30 萬左右，沒有大學，澳門的尖子學生多入讀香港浸會專上學院等大專院校，或往台灣升學，再轉往英美。

能夠在澳門開辦大學，是因為我認識當時的澳門工務局局長，他是葡萄牙人。我與他在香港有一面之緣，後來他邀請我到澳門幫忙處理水塘、岩土工程，以及樓宇建成後的沉降問題，我自然樂意給他提供意見，但因那時我已脫離土力方面的工作，也沒有時間跟進，便介紹一些公司幫他處理，我們自此便成為朋友。

我把在澳門興辦大學的意願告訴他，並大膽問他：「可不可以在澳門給我一方土地興建一所大學，不用很大，約數十萬平方呎。」不料他竟然說「可以一試」。他說：「澳門剛來了一位新的總督，以前澳門總督的職級都是海軍上將，最近葡萄牙發生政變，社會主義抬頭，來了一位海軍上校任

澳門總督，我和他頗談得來，都希望澳門有新的發展，這必須有人才配合，要擴大澳門的社會經濟基礎，也需要工商專業人才，我先問一問新澳督的意向。」這位澳督就是李安道（Jos è Eduardo Martinho Garcia Leandro），他聽後馬上說好，但他要求我在一星期內投放 100 萬澳門幣作為按金，以證明我們有建校能力，萬一計劃失敗，按金會被沒收。而且要給他一份正式的計劃書，說明建築規劃、興建資金以及籌款方式等，確保有足夠的建校資金。

單打獨鬥當然難以成事，於是我徵詢一位當時在香港大學任教歷史系的教授吳毓璘博士，他隨即介紹當時遠東交易所理事胡百熙律師給我認識，就這樣，我們便組成「三劍俠」，由胡百熙聯絡社會名流，籌措建校資金，吳毓璘負責構思學術課程和招聘知名學者，我則負責建校，三人都以義務性質參與，不收酬勞。胡百熙找到很多香港及南洋的善長捐款；吳毓璘認識許多海外如加拿大、美國等學者，又得到一些朋友支持，如亞洲金融集團董事長陳有慶、新加坡的張明添和香港的李福兆等社會賢達，更有泰國、印尼和菲律賓等富商。

我們又適逢其會 —— 當時東南亞國家如印尼、菲律賓和馬來西亞等有恐共意識，禁止當地學生研讀中文，只有新加坡容許國民學習中文。華僑在新加坡資助興建的南洋大學

亦專以華文教學。後來新加坡李光耀總理計劃合併新加坡大學和南洋大學（即後來的新加坡國立大學），並以英語授課。當地華僑因而希望另有一所大學收納新加坡的華僑學生。當時該校校長黃麗松博士離職，到香港大學任校長。黃麗松離校後，又曾在 1972 年聘用香港中文大學政治與行政學系教授薛壽生博士為校長，但薛壽生亦在 1975 年離職，並在 1977 年返回香港任聯合書院院長，於是我們向海外華僑表達興建大學的意願，並表示我們的建校理念就如同當年馬來亞華僑陸佑捐資興建香港大學陸佑堂一樣，都是為了讓我們子弟有機會讀書。終於，我們籌得約 8,000 萬元，遠多於澳督李安道所要求的按金。

我們的籌款方式亦有些特別，學校雖為民辦，以不牟利為原則，但為了「養活」學校，令學校可持續發展，我們會以商業模式經營。而且，雖然我們有共識這些資金是捐款，不過，若日後收支平衡，且有一定利潤，便會還款給捐資人，直至完全償還本金為止，以答謝他們的善心。

我們得到資金後，便拜訪澳門三位華商領袖何賢先生、馬萬祺先生和何鴻燊先生，希望得到他們支持。何賢先生二話不說便答應注資，並不要任何名銜，但我堅持邀請他擔任校董會主席，感謝他的支持外，也可以藉着他在澳門的地位提升學校的認受性，因此何賢先生成為了第一屆校董會主

席。何鴻燊先生和馬萬祺先生聽說何賢先生支持，他們也立即答允捐款。

我們又回到香港拜訪香港大學校長黃麗松博士和香港中文大學校長馬臨博士，兩位的熱烈反應簡直令我喜出望外。黃麗松校長因為了解我們的建校背景，亦認同我們為港澳學生提供多一個升學機會和為內地培訓人才的辦學理念，他打盡人情牌，引薦多位優秀的學者幫助我們。其中一位是在香港大學任職 30 年的教務主任 Dr. Bernard Mellor，Dr. Mellor 畢業於牛津大學，剛到了港大規定的退休年齡。黃校長說：「我讓他過來幫你，而且保證他收取的工資不超過香港大學的三分之二。不僅如此，我還有六、七位系主任級的教授，他們也是快到退休年齡，他們學術地位崇高，要是你有心辦一所高素質的大學，我就把這批人介紹給你，包括英文系的 Professor Green、工程系的 Professor Reynolds 和經濟系的 Professor Ronald Hsia（夏冷漪教授）等。」在黃校長的引薦下，幾位教授都答應加入我們，而且願意接受較香港大學低的工資。馬臨校長亦說服了薛壽生院長出任我們的校長。他們大多接近退休年齡，而我們開學時間急促，可以確保無縫接任。兩位校長為我們招攬頂尖的學者，所以創校之初，我們的學術水平已達到當時一般國際水平，他們的加盟，令我們更有信心辦好學校。

人手既定，接下來是制定教學框架，由 Dr. Mellor 根據英國的三年制大學課程框架設計。初期計劃開辦最少兩、三個學院，即文學院和商學院，雖然我讀工科，但那時還不敢貿然開設工學院，因為工科需要大量先進的科學器材，投入成本太大。其後，有鑒於澳門是推行六年制中學教育，沒有大學預科，我們便特地為澳門中學生開設兩年制的大學預科課程，招收澳門中五、六的學生，以便他們可以銜接香港三年制的大學課程。

我們決定在 1981 年開學，換言之，我們只有不足兩年時間興建校舍。當時學校的選址有兩個，一是在氹仔的山頂，即我們後來選擇的地點；另一個是連接氹仔和路環的公路旁的淺水區，即現在的金光大道，讓我們填海建地。那時由氹仔往路環只有一條狹窄的小路，一遇大風浪，海水就會蓋過路面。有一次八號風球時我剛好駕車經過，海浪不斷拍打車窗，非常危險。我們亦沒有資金填海造地啊！時間和資金的限制，我們只有一個選擇 —— 山頂。在山頂建校，地基也較容易處理，校區內所有建築、通道和水電的基礎建設均由大學負責。

學校的建築師是經驗豐富的劉秀成，施工團隊是澳門黃志強和黃宗發領導的美昌工程公司，我則是代表業主的項目經理。這也是我作為工程師負責過的大型工程之一，之前

的白天鵝賓館，我只擔任策劃，而這次真是自己負責整個工程。也因為建校工程時間緊張，事務繁重，更加快我離開嘉年的決定。而經濟上我亦累積了足夠的積蓄支持這段時間全力投入建校事務。我每星期有三、四天都在澳門監督工程進度，直至完工。憑着劉秀成的經驗、建築團隊的努力和多方面的配合下，解決重重困難，終於在 1981 年如期開學。

開學之前還發生了一段小插曲。1981 年 3 月，我向澳門政府遞交了圖則，請他們引街外的水電到學校內。在校舍即將建成時，我向澳門政府查詢進度，他們的答覆嚇了我一跳：「有這樣的事嗎？你們真的打算建校嗎？」原來澳門政府一直以為我們不是真的打算建校，便不了了之。我只好要求他們盡快啟動工程，但他們說最快也要 1982 年才可完成。學校還有六個月便開學，教授們 6、7 月就陸續入住校舍，為開學做準備。當時我急得如熱鍋上的螞蟻，但再想一想，乾着急不如想解決辦法。最後，我們購置水車和大型濾水器，放在山頂上，要求澳門政府免費給我們在水塘取水，泵水上水車，再由大學負責濾水，供教授入住時使用。我們又多購一台備用發電機，與原先的兩台輪流使用，確保 24 小時輪流供電。入伙後曾有教授投訴發電機的噪音太大，無法入睡，我唯有向他們道歉，幸得他們諒解。後來澳督伊芝迪（Nuno Viriato Tavares de Melo Egidio）來主持開幕典禮時也

大感驚訝，問道：「你是怎麼建出來的？你們通電了嗎？」因為那時他才剛收到我催促他們加快供電工程的文件，他還未批出文件呢！

以兩年不到的時間就建成一所大學，在香港簡直是匪夷所思，黃麗松校長更打趣說要邀請我去香港大學跟進工程。他們稱，在香港大學足足用幾年才建成一組新校舍。我跟他們說，不可以這樣比較，因為香港大學有自己既定的程序，我們是民辦，程序靈活得多，而且我為了節省時間，也是想盡辦法，例如在工程前要對混凝土樣本進行專業測試，通過測試才進行工程。我試過交給澳門政府檢驗，他們三、四天都未批覆，拖延了工程，白白浪費時間和金錢。我後來向澳門工程人員說：「為了減省你們的工作量，我建議找香港大學幫忙，他們有專業的人員和設備，可不可以由他們進行檢測。」他們也爽快地答應。他們可減輕工作量，我也可爭取時間，大家都得益。

1981 年 3 月 28 日，澳門東亞大學 (University of East Asia) 正式成立，我們邀請了當年出席香港英聯邦大學周年大會的全體代表到澳門參加成立典禮，他們都表示，既然是 Dr. Mellor 協助籌辦，又有黃麗松校長和馬臨校長的支持，所以原則上都願意接受東亞大學的畢業生到他們的學校升學。後來，不少香港大專院校的教授都是在東亞大學取得首

個學位，再到外國深造的畢業生。

中英談判令學校陷財困

開學第一年，東亞大學只有 30 多位學生，與我們的教授數目幾乎是一樣，變相一對一授課。我們絕不氣餒，畢竟是新學校，學生人數少，是正常的事。我們就精心栽培第一批學生。可是，1983 至 1984 年，我們迎來新困難。香港回歸問題展開的中英談判，令不少人憂慮前景，樓價、股市亦大跌，影響所及，許多本來答應捐款的善長都自身難保，我們因而出現資金斷鏈的危機。此時大學發展仍未成熟，收生數目還是很少，第一、二期基建工程陸續完成，建築團隊便催促我們支付已完成工程的費用，於是我們找何賢先生幫忙。何賢先生着我到他的大豐銀行，由他作擔保人借錢給大學。我坦白跟何賢先生說：「我的資產不夠。」他說：「你簽下去吧！」就這樣，他為大學擔保了 2,000 萬元，後來我也只取了 1,000 多萬作為現金周轉。

以自己資產抵押，其實風險很高，但想到如果我也放棄，學校就要倒閉。加上我的性格是：只要認為是對的，我就會堅持，絕不輕言放棄。《易經》就經常強調，世事總有變易，人生的高峰低谷都是必經的周期。因這份信念，我度

過了許多低潮和難關,這次也不例外。後來建築團隊了解大學的情況後,也很信任我們,同意延期一、兩年支付。我們亦願意支付利息,當是補償。

經濟難關過後,又迎來一場打壓。1985 年左右是我們最艱辛的時候,澳葡政府在此時欲增加對我們的管控,實質是覺得我們繼續營運下去會有困難,而向我們施壓。我只好向中央政府求助,希望得到國家的支持。在籌辦東亞大學時,令我們有機會接觸國家的教育部門,他們當時已樂意幫忙,如安排我們訪問教育部歷任部長和領導、參觀北京大學和清華大學等,讓我們對中國內地的大學教育有所認識。是以我們向他們求助時,中央政府立即以國家教委的名義,贈送九龍壁的仿製品給東亞大學,並由教育部副部長黃辛白親自護送來校。澳葡政府眼見如此情景,也就不好再做甚麼。我們既有一眾善長支持,以及英聯邦大學的認可,又有澳門當地人、香港大學的支持,現在還得到國家的大力支持,對我們是莫大鼓勵。

開辦中國法律課程帶來盈利

難關過後,就要設法提高收生額,增加收入。1988 年,我開辦了中國法律課程,是中國境外第一所教授中國法律課

程的大學。當我們表示計劃開辦中國法律課程時，國家對此非常重視，也提供了很多幫助。

當時我們通過教育部找來中國法律學會會長王仲方先生，他曾在文革時被打壓，如今許多國家領導人物都非常尊重他。王仲方先生是法律專家，是一位優秀的共產黨員、革命家，也是一位仁厚長者，我們希望他可支持我們的課程，他毫不猶豫便答應幫忙，並表示會安排上訴庭庭長、教育部副部長、大學法學專家博士講課，他說：「你只要在對外宣傳時，讓其他人知道中國是有法律的。全世界都説中國沒有法律，我就要讓他們知道中國的法律是怎麼樣的。我還有一條件，你要用英語授課，將課程國際化。」

我們在香港公開招生，安排一個月授課一次，每次兩天。老實説，要將中國法律文件翻譯成英文是很困難的，要是講課太頻密，我們也吃不消。國內官員、學者用普通話講課，我便用翻譯人員即時傳譯為英語，然後再翻譯成英文，整理為課堂筆記發給學員，共有 12 講。我們在大講堂授課，一説就一整天，每次上課的學生約有 800 人，多為香港律師、法律學者、教授以至商人，他們都很想了解當時的中國法律，更有律師説，香港舉行律師會年會都沒有那麼多人參加。

這個課程的成功，不但為我們帶來經費，還得到社會各

界的肯定。事實上，很多學生都因為曾參與這個課程而得到業內認可。後來香港樹仁學院（現樹仁大學）校監胡鴻烈博士也有意舉辦中國法律課程，我也積極支持他。

開辦管理碩士課程

第二個為我們帶來盈利的課程是高級管理人員工商管理碩士課程（EMBA, Executive Master of Business Administration）。這時吳毓璘已定居加拿大，他願意參考美國的課程設計這個課程。這課程以英語授課，每個月授課兩天，都是全日上課。它的總授課時間實質與其他全日制碩士課程相同，同樣要提交相同數量的報告和習作，課程長達一年半。課程同樣受歡迎，當時的銀行經理、香港立法局議員也來就讀。依靠這些課程，使我們累積了足夠的學生和利潤，達到收支平衡，加上學校已逐步建立聲譽而吸引更多人捐款，大大幫助了大學的持續發展。

頒授榮譽博士學位

東亞大學頒授榮譽博士學位予學術地位崇高的學者和商界知名人士，除表揚他們的學術成就和對社會的貢獻，還有

助大學奠定在本地和國際社會的地位。

東亞大學創辦初期，曾頒授榮譽博士學位給澳門商界領袖何賢、馬萬祺、何鴻燊、崔德祺，澳門主教高秉常（Bishop Arquimínio Rodrigues da Costa）、新聞旅遊司司長及教育、文化暨旅遊政務司黎祖智（Jorge Rangel），以及英國布理格勳爵（Lord Asa Briggs）和加拿大上議院議長 Jack Austin 等。同時，亦頒授榮譽博士學位予中國人民政治協商會議全國委員會副主席錢偉長、香港新世界集團主席鄭裕彤和香港蜆殼電器工業（集團）有限公司主席翁祐等。

值得一提的是，在 1986 年，東亞大學頒授榮譽博士學位予美國前國務卿基辛格（Henry Alfred Kissinger）。翌年，頒授榮譽博士學位給當時卸任加拿大總理不久的杜魯多（Pierre Trudeau）。一位是打破中美多年對峙僵局，安排美國總統尼克松（Richard Milhous Nixon）1972 年訪問中國的關鍵人物；一位是加拿大極得民望的領袖。得到國際和地方領袖的認可和支持，又得到國家教育部門的肯定，東亞大學逐漸走上成功之路。

猶記得接待基辛格的時候，正值中國積極推行改革開放政策，全面發展經濟，我曾向他請教，中國和蘇聯在未來的國際舞台上，誰會取得成功，基辛格肯定地回答：

「中國，因為中國有香港和六千萬華僑。」

30 多年後憶起這説話，可見基辛格的如炬目光。

開辦公開學院

第三個獲得盈利的是開辦公開學院。公開學院是我一直想做的事情，它提供一個重新學習的機會。以我自己為例，中二才立志向學，要是當日沒有反省，又沒有好老師、好同學的話，我今天可能一事無成。在夜校兼職時，亦看到許多夜校學生日間辛勤工作，晚上吃一個麵包就提起精神上課。他們當中有些因經濟問題需要日間工作，晚上繼續讀書；有些因公開試成績未獲得足夠分數升學，他們都應有第二次學習機會。我認為任何人在任何年齡層都應該有學習的機會，即當今所説的持續進修。

在 Dr. Mellor 的引介下，我和大學代表到訪英國 Milton Keynes 的 UKOU，即英國的公開大學。該校的時任校監布理格勳爵也是東亞大學的校董。他也透露早已有意往東方發展，便同意我們採用該校的課程材料授課。我與布理格勳爵簽訂有償授權協議，容許我們在澳門和香港使用該校的教材。為節省時間，我們還在 UKOU 進行面試，聘請了他們一位副校長 Prof. Donald Francis Swift 到澳門擔任東亞大學公開學院的院長，由他安排具體的授課方式。我們堅持課程

不能全部遙距教授，部分課程需要學生回校上課面授。結果東亞大學公開學院吸引了很多人報讀，大獲成功。

其後公開學院打算開辦以中文教授的課程，但發現原來的教材不大適合翻譯為中文，於是由學院自己重新編寫中文教材。此時，台灣空中大學也準備成立，與我們締結為姊妹學校，並委任我為該校唯一的境外諮詢委員，兩校每年互訪一次。後來我曾邀請大陸多位電視大學的領導組成代表團與台灣學術界舉行「兩岸四地學術年會」。也因為我們的合作關係，我和台灣建立了良好關係。

東亞大學公開學院的成功，令我想將這套課程引入香港，因為我看到八十年代的香港很需要公開學院這種教育概念。我便向時任教育司陶建（Kenneth Topley）提出建議，希望在香港開辦公開學院，以不牟利形式經營，由於東亞大學獲得 UKOU 的授權，香港政府如希望引用這套教育模式，東亞大學願意協助，提供課程和管理，香港政府可以派員加入管理委員會，但他斬釘截鐵地說：「No！」原因可能是不信任我們吧！

然而事隔半年，香港政府宣佈成立香港公開進修學院（Open College）。考慮到從香港整體利益出發，這裏是需要公開教育，讓人人都有第二次、第三次、第⋯⋯次學習的機會，我便提出把英國 UKOU 課程使用權，加上整個英文

課程連同院長全部無償送給香港公開學院，好使該校盡快開學。東亞公開學院則只辦中文課程，所以香港公開學院最初作業時都有説明版權屬東亞大學，這便是香港公開學院的起源。

自己保留中文版權，是因為我覷準中國內地這個龐大市場。就像下棋一樣，眼前讓一子，是為了長遠更大的優勢。於是我專心籌辦中文課程，開拓內地市場，也實踐我的心願，為國家當前的需求培訓適用的人才。我們在內地 24 個省市尋求院校合作籌辦公開學院，教育部亦很支持我們在內地的工作，在他們引介下，我們與內地多家院校合作，由東亞公開學院提供教材，授權面授課程，院校提供實際教學，共同確保課程符合當地法規。例如 1993 年，我們與上海高校浦東繼續教育中心合辦上海 PCEC 東亞學院，為上海開設一系列管理學高級文憑課程。這種運作模式在當時非常成功，同時開創了中國內地容許港澳地區專上學院在內地營運的先河。

然而萬事萬物，有聚必有散，由私人營辦的澳門東亞大學亦於 1988 年畫上休止符，學校轉讓給澳葡政府。1987 年4 月，中國和葡萄牙政府簽訂《中葡聯合聲明》後，中央開始與葡萄牙政府商討交接程序。中央要求澳葡政府要在回歸前先培訓治澳人才，澳葡政府同意後，便要求東亞大學開設公

務員訓練課程，但以我們的資源，根本難以承擔這麼大的責任，徵詢有關方面意見後，我們跟澳葡政府談判，將東亞大學的管理權轉讓給澳葡政府，條件是經雙方審核學校帳目，包括建校和歷年支出的費用，依帳歸還。這些錢是要還給最初以投資形式捐款給我們的投資者，履行當日承諾。此外，澳葡政府要發正式書面通知給後來的捐款人，確認已接收他們的捐款。最後，澳葡政府以約 1.3 億澳門元清還構建東亞大學的款項，並更名為澳門大學。

至於東亞大學公開學院中文部，澳葡政府以其涉及澳門境外事務而不接收，可以由我們繼續經營。我們便要求政府承認公開學院的學位。他們說：「要是想我們承認，除非能找到葡國大學合作協議。」他們介紹了葡萄牙國立公開大學（Portuguese Open University）與我們簽訂合作協議，東亞大學公開學院遂易名為亞洲（澳門）國際公開大學（Asia International Open University, Macau）。1999 年澳門回歸後，我將此校轉讓給澳門陳明金先生，他是知名的企業家和行政、立法兩會議員，他衷心承諾會繼續依我們創辦人的原來方針發展教育事業。2011 年，學校改名為澳門城市大學（City University of Macau），我仍出任名譽主席，其後並獲頒授榮譽工商管理博士學位。

隨着香港多所專上院校升格為大學，升學比過往容易得

多，公開學院的受歡迎程度自然大不如前。現在即使澳門、台灣和香港的公開教育機構，其影響力都有所下降。可見任何事都有終結時，時間到了，就自然會被淘汰。事實上，如今人們要獲取知識，只需上網便可，既不用收費，也十分方便。只要你讀得懂，MIT 的授課內容也可在網上找到。時代不斷改變，要是我們不跟隨時代而變，亦早晚被淘汰。

不過公開大學提倡的持續進修概念仍得以延續，例如香港大學專業進修學院（HKUSPACE），學科擴闊到一些非學術科目，如保健養生、唱歌、繪畫等以興趣為導向的課程。然而隨着網上學習愈來愈普遍，香港大學專業進修學院也逐漸改革課程，增加大眾接受持續教育的機會。

雖然香港政府拒絕我開辦民營大學和公開學院，不過我從來沒有放棄為香港的教育盡一點力。

參與香港高中數學課程改革

八十年代中，我參加了香港中華文化促進中心，在那裏認識了一些同樣熱愛中國文化的朋友，其中一位是教育署主理課程發展的梁一鳴先生。有一天他跟我說：「聽說你考試很厲害，我們正檢討香港高中數學課程，你可以為數學教改提些意見嗎？」就這樣，我成為數學課程檢討委員會的主

席。我提交報告後，未有立即採用，但邀請我擔任課程發展議會副主席，當時的主席是鄭漢鈞先生。後來，政府宣佈進行全面教育改革，數學檢討建議的方案未有實行，最終還是簡化了部分數學課程，要推行「八大學習領域」，刪除歷史、地理等傳統科目，增加通識科。

教改催毀傳統文化

大方向是可以的，但商討細節時，要將歷史和地理等科目重組，其實即是取消個別科目。另外，又改革中文課程，中文過往會考核範文，比如初中需要念誦的《燕詩》、《歸園田居》和《岳陽樓記》等，以此培養學生的文學根底，但教改不提倡背誦，而是要學生學習和分析詞句的結構和性質，這種以學習英文文法來學習傳統中國語文的方式，我頗不以為然。

取消歷史，又篡改中文課程內容，實在影響太大了。以前學生可以通過學習古文名篇、吟詠詩詞培養道德觀念，比如《燕詩》提倡孝道，《岳陽樓記》的「先天下之憂而憂，後天下之樂而樂」是要培養學生以天下為己任的使命和擔當，《正氣歌》是啟發學生的正義感。當然，學生閱讀、背誦這些詩文時未必能馬上明白箇中深意，但讓這些概念潛移默化

地保留在腦海中，逐步培養他們正確的價值觀與行為規範。背誦可以加深學生的印象，現在不鼓勵背誦便難以從學習語文中吸收中華文化的養分，所以我是不同意的。當然，教改也不是絕無可取之處，例如我同意取消體罰，要尊重學生，但同時也要考慮怎樣令學生學懂尊敬老師呢。

將英、美教育模式生吞活剝地用於香港的教育改革，為香港教育留下一個很大的漏洞。它對學生的德育、文字修養、歷史觀，甚至地理觀都是一個缺陷，針對各專門學科的基本知識不夠全面，單是靠「通識教育科」根本不能填補其缺失，培養學生的批判思維弄得不好更會變成事事反叛。何況通識科的內容、參考資料和教科書，以至課程發展局如何管理等細節都未有答案。後來以報章、時人評論文章為教學材料，更是通識科的一大缺口，萬一老師選擇內容時有所偏頗，或帶引學生討論時有特定立場，便很容易影響學生的思維方式和對社會的態度。

我對推動電子教育的理念亦有所保留。我和鄭漢鈞曾一起往荷蘭參加「電子教育研討會」，當時剛推行電子教育，已有很多學者認為電子教育雖然實用和方便，但萬一被濫用，就容易令學生吸收偏頗不實的資訊，被煽動做出衝動行為。既然對教改內容有所保留，我就以其他原因辭去「課程發展議會」的職務。我實在不能認同這套教改，最後我便以私人

理由退出課程發展議會。我承認自己性格較固執，遇上不合理的事我是不會妥協的。

投入專上教育服務

2000 年代初退出課程發展議會後，我便沒有參與香港中小學教育事務，後來時任香港大學專業進修學院主席陳達文先生邀請我為該校給些意見，我便擔任諮詢委員會主席，及後又擔任校務委員會副主席。任期即將屆滿時，梁智鴻醫生推薦我加入香港大學校務委員會，所以我在 2013 年便開始在香港大學任校務委員。

這段時間，香港大學曾多次受到學生運動衝擊學校管治。其實這些運動早在 2008 年已露端倪，我曾翻閱學生報刊《學苑》，發現《學苑》很早已發表過提倡香港獨立等文章，亦曾向校方反映，可惜沒有得到回應。我認為自 2000 年鄭耀宗校長捲入「醜聞」就是對手初試牛刀[1]，事件牽涉當時的特首董建華先生，令鄭耀宗校長下台，他們企圖以此拖垮香港大學的管治。2011 年，徐立之校長又因時任中國國務院副總理李克強訪問香港大學的座椅風波，影響他的續任，最終黯然下台。學生反對的理由是不成立的，就如近年美國指責中國的新疆人權問題一樣，完全是子虛烏有。香港大學

及警方對國家領導人有嚴密的保安安排是正常不過的，怎可能讓學生左右，但他們卻發動學生運動，猶如公審一樣，迫徐立之下台。場面有點像當年內地文革，徐立之受不了，壓力很大，最終決定辭職，後來改聘了馬斐森教授（Professor Peter William Mathieson）當校長。

香港大學校務委員會是學校最高層，都出現了不同的意見，許多時候，一些議題經過冗長的辯論，進行投票決議時，贊成和反對的票數都非常接近。近年香港大學的連番激進學生運動，更把大學政治化，我們希望進行改革，讓香港大學重返以學術和教育為先的方向，我們已朝着這方向努力。

香港大學深圳醫院的成立和運作，是無數先行者投入許多心血的成果。當年國家領導指示我們要成為中國醫療改革的試點，參考香港模式，改進國內醫院原有的管理模式，以杜絕「紅包」、「滴滴仔」等非正規收費渠道，所有醫療項目都按章收費，清楚列明，雖然這做法對廣大民眾有利，但亦影響個別人士的利益，所以我們受着沉重的壓力。如今該院初有所成，成功走出第一步，對香港大學和香港都是極大鼓舞。

致力支持民辦學院

此外，我還擔任港專機構董事會主席和珠海學院校務委員會副主席。我很欣賞港專學院的辦學理念，它的其中一個強項就是開辦毅進文憑課程。我是一位工程師，始終喜歡從事實務，喜歡見到效果。港專開辦的課程有電腦編程、社會服務、網上安全等學科，同時亦有咖啡焙製、西點製作和酒店管理等，都是以職業為路向的課程。珠海學院校長李焯芬博士是我在香港大學的同班同學，都以一級榮譽畢業，我們都愛中國、愛中國文化，亦希望為國家獻出力量，我們思想相近，多年來互相勉勵，他邀請我，我自然義不容辭。其實珠海學院早於四十年代已在廣州成立，解放後才南來香港，是香港最早的民辦大專院校，我希望協助它發展成為香港一間有質素的民辦大學。

我喜歡民辦大學，因為它比政府辦的大學有更大自由度，能跳出框架，更重要的是，民辦大學行政靈活，師資聘用、教學模式更有效率，更有彈性。在英國、美國和日本等國家的頂尖大學都是民辦的。我希望，中國包括香港在內，最好能鼓勵社會上的成功人士在身故後撥出部分財產成立教育基金，資助辦學來回饋社會，這也是我理想中的大同世界，也合乎國家和民族的利益。現在的人是用教育來賺錢，希望將來的人能用錢來辦教育。

惠州光學。

老遠從甘肅前來惠州，與我們合作生產照相機的光學專家高志卿（右1），
向中英聯合聯絡小組中方代表陳佐洱先生（右2）介紹惠州光學的業務。

於惠州與賓得代表簽署生產賓得照相機合約。

八五年九月

布理格勳爵英文詩
三峽行舟赴武漢途
「屈原去國吟」

風沙蔽天日，聖君胡若蒙。
國去安平遠，吾可道路同。
吾遊信已盡，讒成少義忠。
雖自少逆言，讜讜定終酗。
命哖藥巧，悲歡敷古悲。
水地金石現，恩歇日星，
河清縣山空，江韻韶日星，
功退汗清浹，厲言世永遠。

Lament of Qu Yan for an Emperor and a Country

The silt is in the sky and in the mind
It clogs the way to freedom and to peace
Your way and my way, though our ways diverge
Mine to its end, yours still to find
And yet without my counsel, as you sit alone
Your way will end in measurable time
While others tread my broken way in joy or gloom
Following each bond, each boundary, each stone
Seeking through centuries to catch each echo of my rhyme
Till silt returns to river bed and sun to sky
And current flows again and mountains glow
Our pasts and futures stretch is equal reach
Till other suns than you or I
Exchange on equal terms which wise man always know.

By Lord Asa Briggs for K K near Wu Han

與布理格勳爵同遊長江三峽，勳爵詩興大發，以十四行詩悼念屈原，
我亦信筆譯成五言古詩。

在屈原故鄉湖北省宜昌市秭歸縣划龍舟。

與太太同遊青海塔爾寺。

與陳萬雄出席敦煌藏經洞陳列館揭幕儀式。

雲南普洱市賞茶。

與太太參觀伊朗古城波斯普利斯（Persepolis）。

內蒙巴丹西林沙漠黑水城遺址。

在李焯芬、陳萬雄和多位志同道合的好友支持下，出版個人詩集《健行隨筆》，
以照片、詩文記懷 30 年來的遊歷。

香港中華文化促進中心新會所揭幕。

與老同學李焯芬（中）及一眾好友探訪毛鈞年先生（左4）。

饒宗頤文化館啟動儀式。

饒宗頤文化館花開時節，與饒公、「光纖之父」高錕教授伉儷及好友們賞花茗茶。

出席大嶼山饒公心經簡林開幕禮，後面為堪輿大師蔡伯勵。

香港藝術發展局與康樂及文化事務處合辦的中文文學創作比賽。

2006 年與藝發局代表攝於意大利威尼斯雙年展中國館前。

香港基建學會調研新機場選址。

香港基建學會在北京與國務院港澳辦公室主任魯平會面。

視察新機場地盤。

時任國務院總理李鵬參觀香港機場管理局，旁為機管局主席黃保欣先生（右）。

與中英聯合聯絡小組機場委員會中方委員胡厚誠一同參加新機場試飛。

參觀香港航空訓練大樓模擬駕駛艙。

2003 年，香港城市規劃委員會考察蓮塘邊境。

參加華永會香港仔華人永遠墳場靈灰閣動土典禮。

擔任香港特區籌委委員期間，每兩、三星期就飛赴北京開會。

參觀解放軍駐港部隊深圳營地。

陪同魯平主任往加拿大，介紹「一國兩制」在香港的落實情況。

獲邀參觀美國航空母艦卡爾文森號。

參加香港回歸大會。

獲頒紫荊勳章。

1998 年，首次參加中國人民政治協商會議。

2003 年，在北京人民大會堂與魯平主任。

2009 年國慶，與北京學生合照。

參觀酒泉航天站的火箭發射塔，與太空人楊利偉近距離接觸。

創辦鴻文館文化工作室的三位「七十後」，（左起）王濤、黃景強和陳萬雄。

鴻文館香港和北京工作團隊。

第五章

實業興國

創辦新標誌集團公司

與內地合作辦實業

　　東亞大學轉為澳門大學後，我便多花時間投入在「實業」上，嘗試不同業務，那時加入的同事，有些至今仍與我共事，足有 30 年。萬事起頭難，開始時的確很艱苦，試過在廣東順德引進洗衣機生產線、在天津養蝦、在珠海生產橡膠手套，但都不成功，幸好總算收回成本。我又參與投資上海華僑大廈和廣州華美達酒店，2000 年參與北京大興區微利房項目。但真正成功的業務，還是經營教育器材、包裝印刷和視聽器材業務。

　　工欲善其事，必先利其器，我對教育服務始終念念不忘，因此我與唐世煌和陳永耀在 1987 年創辦新標誌集團公司後，其中一項業務就是經營教育器材，在內地投資生產教育器材，出口外國；又在外地引入新式教育器材到內地。其後更在香港拓展教育服務業務，例如為學校購置及安裝新式教育視聽器材等。

收購嘉年印刷廠

　　1983 年香港嘉年地產停業時，將印刷廠的股權轉給一位馬來西亞的華僑，但雙方合作不愉快，於是中方的合夥人

聯絡我，表示既然我曾參與印刷廠的籌建，希望我可以回巢擔任印刷廠的股東，我只需要購買 25% 的股權，即我不用控股，但因嘉年印刷廠規模龐大，佔地廣，我當時沒有足夠資金購買這份額的股權，他們說：「只要你肯回來參與管理工廠，我借錢給你，之後再還給我。」我便重新投入印刷行業。嘉年印刷廠的生產範疇多元化，如包裝盒、書籍、普通印刷品等，後來以包裝盒生意最理想。因為同樣是生產印刷品的關係，亦開始與商務印書館的工作人員有接觸。商務主要印製圖書，而嘉年側重工業包裝，但生產規模起初都差不多。

生產視聽器材

新標誌集團的另一業務是視聽器材貿易。我們將內地視聽器材出口國外，又將外國的高級視聽器材引入內地，我在內地設廠生產一些較容易製作的視聽器材，賣往歐洲及發展中國家。

我又在內地開設照相機廠，中方負責人原本是甘肅省負責輕工業發展的廳長，他是一位光學專家，從官場「下海」後便與我們合作生產照相機。最初我們在惠州和深圳設廠，其後在陝西和蘭州都有設廠。九十年代初，我們曾與日本相機品牌賓得（Pentax）合作，香港公司負責聯繫日本賓得總

部，內地負責生產。那時候，我們幾乎是賓得在內地組裝的代理人，由裝嵌、打磨鏡頭、鍍膜、衝壓照相機外殼等，工序繁多，需組裝近千件零件，我們都一手包辦。全盛時期，每月最高生產量達 10 萬部膠卷照相機。不過由於核心技術在賓得手上，需要倚靠日本的芯片，所以利潤只算合理。

有一次我聯同賓得總公司代表往德國參與兩年一度的國際攝影器材展博覽會。當時新標誌還想取得賓得在內地的銷售代理權，但遭賓得拒絕。當時國家條例是在內地售賣外國牌子的照相機，若在內地生產可以減免入口稅，換言之應該是通過我們工廠生產才能在內地銷售，但賓得與另一家公司有數十年合作關係，所以沒有將銷售代理轉給我們。

十多年前，我看到照相機科技的轉變 —— 數碼照相機興起。那時柯達（Kodak）推出了一部新產品（APS），複合傳統和數碼的型號，有人問我如何評價，我認為這款式不會成功，我的預測果然正確。於是我與賓得日本籍的大股東聯絡，我對他説：「要是你想大展拳腳，我可以幫你，趁現在馬上全面發展數碼相機。我是工科出身，清楚最重要的技術是感光器（sensor）和接收器（receptor），看你要用哪一家的出品。」可能這位老闆年紀較大，不想冒險，便拒絕了我的建議，因而白白錯過了大好時機。那時賓得在照相機品牌中名列第三，僅次於尼康（Nikon）和佳能（Canon），要是他當時

採納我的建議，可能比今天的佳能更早佔據市場。

我們是賓得在內地的生產商，若他們開拓數碼照相機市場，對我們也有好處，當時我們的工廠生產技術亦相當先進，能處理如磨鏡、鍍膜等全機生產程序，但看着賓得老闆的保守態度，覺得前景有限，便準備淡出生產照相機的業務。

後來賓得結束在內地生產照相機後，我們的廠房也隨之停止生產，我便將工廠交給內地的合夥人，並向他指出當前問題，建議他快點轉型，他果然轉為生產 CCTV（閉路監控電視），如今發展得很好。能善於利用熟悉的技術成功轉型，我們也安心了。

我能掌握先機，較早看到環境變化的原因，除因為我那時已擔任政協委員，更重要的是，我經常留意着國家的發展政策，了解到內地將推行「騰籠換鳥」政策，即進行大規模產業升級，廣東、深圳等地區將引進騰訊等高端企業，如此一來，高科技產品才是市場大勢所趨，所以我在香港的公司也轉型為數碼視聽器材的貿易和安裝管理，業務也發展穩定。

內地積極發展高新科技的政策十分正確，反觀香港的科技產業停滯不前。我曾說，在香港能願意做實業的人沒有錢，有錢的人不會做實業，這是資源錯配的，不過現在的創業者若能掌握互聯網時代的新需求和新運作模式，香港仍可以重新起步，急起直追。

第六章

推動文化
終生副業

以教育培養人才、以實業服務國家的心願，雖然成就不大，總算一項一項的實現。但無論幹甚麼工作，我從沒有忘卻我至愛的中華文化。恩師葉穎林諄諄教誨——要做一個有中華文化素養的人，我一直銘記於心。所以，每當有空，我都唸誦一些中國的文學作品，閱讀有關中國歷史的著作，喜歡訪遊名山大川。興之所至，題詩唱詠。近 20 年，更組織香港中華文化促進中心安排的「文化之旅」，讓我結識一班志同道合的朋友，暢遊神州，甚至到外國，以旅遊探索中外歷史文化藝術的交流，並借此機會，一同推動文化藝術。

結伴同遊文化之旅

「文化之旅」歷 20 年，走訪地方遍及中華大地，飽覽華夏文明數千年歷史，如歷史專題的楚、漢相爭；三國時代魏、蜀、吳的長江赤壁、三顧草廬古隆中、荊州襄陽古城、劍閣祁山天險；「煙花三月下揚州」的吳越江南；考古之旅中的浙江良渚文化、東北的紅山文化、四川的三星堆；北至蒙古草原、大興安嶺，東至遼東，南抵雲貴，西北更有計劃的遠征「絲綢之路」，起於西安，經河西走廊入敦煌，出新疆、青海、西藏，再出國門到烏茲別克司坦國（即古西域康國及安國），以至土耳其、希臘、埃及、伊朗（因其波斯文化）和

印度等。

　　文化旅遊可以有計劃有主題地深入了解國內外的地方文化、民俗和歷史，而同行者除我的老同學李焯芬外，還有陳萬雄博士、張信剛博士和袁天凡、陳慶祥、黎永昌等俊彥。跟他們一起旅遊，真不愁寂寞。旅途上，還爭取時間細聽當地的文化歷史的介紹，如實地了解當地的風土人情，還有早已準備好旅途所及的相關歷代詩詞和文學作品。是名副其實的「文化之旅」，既是旅遊，也是歷史文化的探索。古人說「讀萬卷書，不如行萬里路」，這樣的「文化之旅」既聽讀了萬卷書，還可以行萬里路，更認識一班志同道合的朋友，堪稱近 20 年人生的一大樂事也。

香港中華文化促進中心

　　與香港中華文化促進中心結緣，實要多得我兩位工程系的師弟曾勵強和鍾國光的推薦。加入了中心後，久而久之，我發覺中心的活動內容豐富，又認識了許多同道中人，逐漸成為當中的活躍分子，後來還出任中心的理事。因此緣故，我認識了當時的新華社香港分社副社長毛鈞年先生，後來他介紹我認識梁振英先生和邵善波先生等。自此，我成為了中心的核心成員，後來毛先生病重，仍不忘囑咐我們繼續做好

中心事務，我和李焯芬、曾勵強等遂一直營運至今。

中華文化促進中心成立初期，由於資源不足，政府亦從來沒有提供資助，我們很難舉辦恆常和大規模的活動。但我們一直堅持，只要力所能及，就舉辦講座、文化活動、學生作文比賽、朗誦比賽和歷史文化考察旅行等。直至 2008 年香港發展局「活化歷史建築伙伴計劃」公開投標，我們入標申請活化荔枝角醫院項目，改造成「文化傳承」。最終我們的計劃獲選，時任香港特別行政區行政長官曾蔭權見我們的發展不錯，建議我們改名為「饒宗頤文化館」，以尊崇香港的「國寶級學者」饒宗頤教授。

能夠改名為饒宗頤文化館，是我們的榮幸。其實我早年已有幸認識國學大師饒宗頤。八十年代初，澳門東亞大學曾邀請饒公擔任客座教授，由他帶領博士生，他也在學校授課。當時東亞大學還有羅忼烈教授和陳耀南教授，都在文壇擁有崇高地位，足見東亞大學的水平。如今香港大學的「饒宗頤藝術館」總幹事鄭偉明博士，就是師從饒公，在東亞大學修讀博士學位。

饒公離世前的每一年，我都跟他拜年。李焯芬和我每個月都拜會饒公，見面聊天，無所不談。有一次我們聊到敦煌，說到那裏有一座三危山，便問饒公：「這座山會不會就是『遷三苗於三危』中所指的地方？」饒公說：「應該不是，

我查一查。」第二次見他時，他就能引經據典，侃侃而談他找到的論據。饒公學識淵博，為人隨和，李焯芬和我獲益匪淺。

香港藝術發展局

此外，我還曾經參與香港藝術發展局的工作，一段時間與馬逢國先生分別擔任正、副主席。期間不難發現有些連基本功都未做好便自稱藝術家的人，濫用政府培育文化藝術的資源，藝發局往往要應付這些「偽術家」。

第七章

以專業
回饋社會

教育、文化藝術培養人才，陶冶性情，衣食住行則關係到社會民生，能夠以自己的專業為香港的長遠發展盡一分力，我是義不容辭。我在 1993 年獲國家委任為香港事務顧問（港事顧問），令我有機會就香港平穩過渡提出意見。亦因為這原因，令我可以以更宏觀的角度觀察、研究、探討香港的長遠發展。

新機場　與英方「博弈」

1989 年，時任香港總督衛奕信爵士宣佈興建新機場及相關配套設施的「玫瑰園計劃」，並敲定選址大嶼山（即現在位於赤鱲角的香港國際機場），1992 年動工。我們於 1990 年成立的香港基礎建設學會，聯合不少專業人士據理力爭，我們與英方的「博弈」可分為兩個階段。

首先我們不同意英方選址大嶼山。我認為英方是有意選一個距離內地邊境最遠的位置，然後搭建新橋、新路，而且選在海域最深的地方進行填海，現址水域深達百呎，光是填海工程已費用龐大。因此我們建議更改地點，起初我們建議在新界與內地邊境交界一帶填海建機場，因這一帶水域很淺，可降低建造成本，且地方廣闊，起碼可以建三條跑道，同時亦提出幾個選點供政府考慮。

那時候我已預計，將來香港和深圳必然互通，機場選址在新界北部，落成後可以一邊接通深圳，一邊通往香港市區。當時的方案是聯同深圳和珠海興建高速鐵路，接駁香港與深圳間的機場交通，珠海則擔當分流角色，例如貨機在珠海的機場降落。深圳機場佔地廣，足以開設四、五條跑道，讓我們分流，要是股權合作，便有利在那邊多建兩條跑道，總好過在香港勉強加開跑道。我們當時已備妥詳細計劃書與深圳和珠海洽談，然而英方以既成事實的理由拒絕我們的方案，堅持要興建青馬大橋和東涌新市鎮等配套工程，預算耗資約 2,000 億元。

以當時香港的財政儲備是不能承受的，港英政府提出可以貸款，並強調這些計劃在經濟上是可行，而且有實行的必要。當時的中國國務院港澳事務辦公室主任魯平說：「這樣我們很難接受。」他提出，要是英方在回歸後交還一個庫房空虛，甚至負債纍纍的香港，將來特區政府如何實行管治、施政？我們翻閱資料，深入調查這些基建開支項目，發現其中一份財務預算報告（Feasibility report）有可疑之處，報告的內容是證明基建的可行性，其中一個假設是將新機場的使用費用提高為當時啟德機場的六倍。換言之，將來要搭乘飛機，就要承擔較昂貴的費用，英方不惜以此強行「證明」機場計劃的可行性，可見計劃之不合理。於是香港基建學會將

這情況轉告魯平主任，他聽後亦同意我們的想法，讓我們再計劃一下如何處理。又找來梁振英、邵善波和薛鳳旋等人商量。我們都認為要香港承擔這巨大開支和負債非常危險，要是將來香港經濟有甚麼風吹草動，都很容易引發骨牌效應，釀成經濟災難。如當時需要準備支付公務員終身退休金，這將要花費天文數字的儲備金，如此算來，回歸後的香港已是資不抵債，我們必須向英方強調這些問題。

更難想像的是，顧問公司預算斥巨資興建的新機場方案，原來只打算興建一條跑道！我們質疑：「只有一條跑道，如何應付將來香港的發展需要？」他們的答案是可以通宵營運。我不禁驚訝問道：「噪音不怕波及青衣、荃灣和屯門的居民嗎？」總之，無論我們如何質疑，他們都不願意修改方案。魯平主任便建議我們到北京，直接向中央領導匯報。討論結果是我們的目光不能太短淺，只看到香港現況，需要考慮的是整個宏觀計劃，要從大局出發，興建新機場是勢在必行的。最後，我們達成一致共識：同意進行基建，但要爭取一個對國家、對香港都有利的方案。

經過多輪談判，中英最後達成協議，有條件下同意落實新機場項目計劃。1991 年，時任英國首相馬卓安（John Major）親自到北京簽訂協議。這個局面是國家之間以外交途徑磋商提出的結果，我們在香港新機場協議的工作也算盡了力。

新機場動工後，港英政府推行高地價政策，確實能刺激香港經濟發展，達至每年有財政盈餘；又將香港回歸前賣地收入注入新成立的「土地基金」，作為香港回歸後的儲備基金，當時的確解決了新機場融資問題，但亦種下回歸後房價飆升的結果，日後苦了不少市民。

兩條跑道同時興建

接下來的「博弈」就是興建多少條跑道的問題。新機場協議簽訂後，就成立新機場諮詢委員會，1995 年又成立機場管理局，我獲邀加入董事會。當時機管局主席黃保欣先生和幾位董事成員均反對只建一條跑道，即使通宵營運也無法應付日益頻繁的航班。而且，原本啟德機場就是一條跑道，我們花費這麼多公帑，特意遷往空間足夠的地方，又加建青馬大橋、大嶼山公路等，若只建一條跑道，根本不符合經濟原則。黃保欣先生召集幾位都是中方信任的董事，如譚惠珠女士、黃宜弘先生、何世柱先生、盧重興先生、羅康瑞先生和我一同商討，我作為工程師，認為多建一條跑道是可行的。保欣叔擔心建完一條再建一條，成本太高而且沒有那麼多時間。商議後我們決定兩條跑道同時興建，並一起策劃第二條跑道的預算案，再經機管局提交正式文件，建議政府同

時興建兩條跑道。時任財政司曾蔭權先生起初以需要增資和擔心又衍生政治爭執而反對，時任香港總督彭定康也批評我們在方案通過後又再作改變。但我們認為若不加設跑道，機場落成後就更多麻煩，所以堅持要馬上開展第二條跑道建造工程。曾蔭權於是提出兩個條件，一是不能超出 50 億的新增預算；二是工程不能延誤，我徵詢專家意見並認為可行，新機場便由一條跑道增加為兩條跑道。

由 1995 至 2004 年，我一直有參與機場管理局的工作，它開幕時的「大混亂」情景，至今歷歷在目。那時候，機場工程小組的主席是工務司酈漢生。我十分關注新機場各項系統的完成情況，例如消防、保安、行李輸送、交通、廣播演示等，特別是電腦系統，我曾提議參觀一家主要服務公司的電腦工程進度，但被無理拒絕，拒絕原因至今仍是個謎。

機場大混亂

不幸地，機場開幕那天，那公司的電腦系統果然出現問題，行李堆塞在各泊機位出口，大部分航班延誤，導致整個系統癱瘓，機場大混亂，引起民憤。所有媒體都將矛頭指向機管局，質疑機管局的管理能力，其後更把矛頭指向包括我在內的個別董事，指責我們為趕工而犯上疏忽之責。立法會

也成立調查委員會，幸好我當時有將所有開會文件保存下來，當中記錄了所有的發言，我將文件拿出來後，攻擊者頓時語塞，最終事件不了了之。

機管局事後花了足足一年，檢查十多項運作系統並作出改善。為盡快修復電腦系統，政府派了一位副署長來協助我們，包括廣播系統、顯示系統、行李輸送系統等。機管局對機場的管理嚴格，行李在甚麼時間送到甚麼地方，都全程跟進。到了 2000 年代初，機場連續數年成為世界排名第一的機場，也算是對香港的貢獻。

參考英國以前退出殖民地統治如印度和巴基斯坦的歷史，我心裏常想，英方在香港即將交接時還推出這麼龐大的工程項目，是不是英方不想我們在回歸後發展穩定，而故意加入諸多安排，限制我們的運作。從近年的政治形勢，也能多少印證我昔日的想法。不過我們亦毋需因此便對英方態度強硬，因為政治實質是一個妥協、協商的「玩意」，就如下棋一樣，棋書《橘中秘》和《梅花譜》也是教我們如何「吃掉」對方的將帥，現實也一樣，不過各為其主而已。

我們要明白，英、美等西方國家有自身的意識形態和價值觀，因此他們對中國的文化思想必然是有所防範的，好的「棋手」就要懂得如何拆解這些矛盾，我真希望有更多有水平的「棋手」。

回說 1991 年英國首相馬卓安親赴北京簽署新機場協議，亦象徵着中國在解決 1989 年春夏之交的政治風波後重新打開外交渠道。因此我很明白領導人所說的「格局」，興建新機場不僅是金錢問題，也不只是香港問題，而是全國的問題 —— 國家自政治風波後，需要重新出發。經過近十幾年的國際風雲，現在不難明白，在此次風波之後，蘇聯亦被錯誤引導而導致解體。有些政論家更認為外國亦有利用香港回歸後的發展來破壞中國崛起的勢頭！

城市規劃委員會

我還加入城市規劃委員會（城規會），由委員至擔任副主席。那九年的城規會工作，令我更關注香港的可持續發展。

在城規會時，我已很關注環保，比如要興建多少綠化帶、郊野公園等，但我不認為這是「鐵」的規定，而應該從城市整體發展和實際需要考慮。故實不應為保留或建設綠化帶、欣賞風景、保存舊貌而漠視香港市民住屋的迫切性。香港最需要解決的民生問題是居住房屋的供應，需求大於供應便形成房價過高的社會問題。

解決住屋問題

現在，許多中產家庭住在「劏房」，他們是最艱難的階層，工資不多不少，但交稅交得多，現在樓價大幅上脹，若單靠薪金儲蓄，絕不足以買樓置業。以前大學生組成二人家庭，如果夫婦都工作，很輕易便購買到心儀的居所；若一個人工作，雖然辛苦一點，也買得安樂窩。但現在樓價高得驚人，即使夫婦二人都工作，也未必能買到像樣的居所。所以居住是必須設法解決的問題。

大規模興建居屋和公屋是解決辦法之一。房屋問題迫在眉睫，眼下就要盡快興建居屋，而且居住面積不能太小。有些人窮盡積蓄買入「納米樓」，很可能真的要一生住在「窩居」，很難再換較好的居住環境，所以不宜再建「納米樓」。增加供應居屋的同時，也應杜絕居屋商品化，要預防它變成賺錢工具，可在買賣時制訂一些條件限制。當然亦要提供足夠而且居住面積合理的公屋給基層人士。

從大方向來說，我認為更應解決丁屋和新界棕地問題，例如放寬丁屋 27 米的高度限制，修改棕地用途，以增加土地供應。過往我們的確需要很多修車場和貨櫃場等用地設施，但隨着中國內地經香港出口產品的需求逐步減少，目前只有不足 6% 的商品是從香港出口，所以現在根本不需要那

麼多貨櫃場，也不需要這麼多大貨車場。我們必須重新規劃新界土地，釋放這些土地資源，解決房屋問題。

無可否認，根據基本法，我們要保障原居民基本和合理的權益，但這些權益不應永續無限期的，亦唯有如此，才能完善香港的發展。這些地方能輕易通水通電，道路亦已有基本的迴環架構，在這些土地上發展不會有很大困難。

任何改變都一定會迎來反對聲音，例如興建房屋和商場會引致道路擠塞，但這是城市發展的必經階段，有哪個城市不會先經過道路擠塞，然後修建更多道路來解決問題？政府不應只考慮「不行」的聲音，應該要想怎樣才「行」。

發展北部

從宏觀角度而言，「明日大嶼」的確是一個很有遠見的計劃，但填海需時，它遠水不能救近火，不能解決當前問題。要解燃眉之急，非要開發新界北部不可，由深圳以南，大埔和粉嶺以北，這些土地完全可作大規模發展。

早在我擔任城規會副主席時，與時任發展局局長兼任城規會主席的林鄭月娥都有一個共同目標：發展香港和深圳的交通，如修建更多通道，將鐵路網延伸至新界北部，加強香港與深圳的聯繫。到了現在，發展新界北部更是勢在必行，

而且要盡快進行。香港市民要融入「大灣區」，與「大灣區」一同發展，同時，要保持香港的特點，包括金融、商貿、服務業、會計、法律和基建等方面。我從工程師的角度看，香港的造橋和隧道的技術已經落伍，要向內地學習。香港工程系的課程應多參考內地現況和技術，加速轉型。就從香港大學開始，革新理工課程，加重科學基礎研究，與內地結合，邀請中國或英、美的高水平學者來港，提高香港的水平。要是我們仍然固步自封、夜郎自大，總以為英國、美國那一套才是最好的，早晚會被淘汰。

華人永遠墳場管理委員會

因為我的管理和投資經驗，亦獲邀參與華永會委員會工作。華永會自上世紀初成立以來，一直以非牟利形式經營，為在香港永久居住並有華人血統的人士提供墳場及設施服務，藉以傳揚孝道精神。近年更突破與「死亡」的連繫，透過各項義工服務，積極向社會人士傳遞生命教育、正向的人生觀和優良的中華文化。

我也樂意出任華永會的委員，在任期間，我協助管理華永會的儲備投資事宜外，還參與擴建將軍澳華人永遠墳場靈灰閣工程，在將軍澳墳場興建一條連接港鐵調景嶺站的「華

永行人徑」，不僅疏導了春秋二祭時前往墳場的人流，還大幅增加了骨龕位的數量。

第八章

為香港
出謀獻策

擔任港事顧問及籌委會委員

1993 年，我獲新華社香港分社委任為港事顧問。就香港如何平穩過渡、保持繁榮穩定提出意見。這時候雖然新機場計劃已成定案，中英聯絡小組亦有繼續跟進機場工程進度，分析機場的各項成本與支出，考慮執行方案和研究可行性等，許多細節仍有爭拗，我正好在這些環節提供協助。

到了 1995 年，我獲委任為香港特別行政區籌備委員會（特區籌委會）委員。具體工作涵蓋政治、經濟、教育、行政等全方位的管理事項。成立籌委會的原因，是因為彭定康的「政改」突然推翻了原來的立法會「直通車」安排（即回歸前的最後一屆立法局自動過渡成為第一屆香港特別行政區立法會），所以我們需及早準備，好讓特區政府接手後，對政治架構、經濟、基建、教育等施政方針有完備可靠的參考方案。籌委會共有 150 位委員，其中 94 位為香港人，來自不同界別，主要處理四大範疇：經濟、政治、教育、基層，我被分配在經濟小組中，商議香港回歸後的經濟發展事宜，包括基建項目。特區籌委會屬於全國人民代表大會常務委員會（人大常委會）之下的法定工作小組，等同代表人大常委會制訂政策，所有決議文件亦需在人大備案。我們都很樂意而且榮幸參與工作，所以我們都積極投入，可謂不辭勞苦，我

們幾乎每兩、三個星期就飛往北京參加小組或全體會議。通過參與這些工作表達對香港前途的願景和安排，整個過程十分愉快。

擔任籌委會委員時，我獲美國駐港澳總領事館邀請參觀美國最新的核子航空母艦卡爾文森號（Carl Vinson），艦隊專機由啟德機場出發，直接降落到航行中的卡爾文森號，能夠在艦上自由參觀，可謂大開眼界。

出任政協　視野面向全國

1997 年香港回歸後，籌委會便解散。翌年，國家邀請我出任中國人民政治協商會議全國委員會（全國政協）委員，繼續為國家發展作出貢獻。中央亦明確表示，全國政協委員是全國人民的政協，視野應面向全國，最初意見是不適宜在兩會太多討論有關香港事務。香港事務説得太多，就變成干涉香港事務。

猶記得香港回歸中國前，籌委會決議文件制定了很多具體的施政建議，不料在籌委會解散後，我們的文件被束之高閣，沒有付諸實行。究其原因，可能是中央政府嚴守「一國兩制」香港高度自治的承諾，以免給外人口實，可惜的是，忽略了「一國」憲制的重要性，而只重視「兩制」的表現。

我相信包括我在內，很多人都同意「港人高度自治」，但在「一國」的前提下，應該適度改變過去以英國為宗主國的施政方針。例如我們的升學獎學金不應該一面倒向英美學校，公務員子弟升學不應偏向英國等，起碼是中英平等。然而，就算回歸後，過去許多具英美背景的各類組織工作方針不合國情，但每年都從政府取得豐厚資源，從而控制了民心趨向。

　　港英政府在交接之前早已培植了一批工作人員，無孔不入地分佈在社會各階層，從頂層政治架構到非政府機構或不同的管理委員會，以至一些教育工作者和不同行業的工會等，主導了回歸後香港的施政。如是者，由教育、傳媒開始以至整個政治生態，都向英美一方傾斜，而我們卻後知後覺，即便察覺了，也是無力糾正這歪風。我記得，國務院港澳辦公室前常務副主任陳佐洱和前副主任徐澤先後來港時，都異口同聲說過：「怎麼香港的年輕人如此抗拒國歌，又有人舉着龍獅旗在街上遊蕩？這樣不妥當。」香港教改增設通識科，沒有既定課程，容易被反對力量操控，誤導了一整代學生對祖國的認識。香港的問題是教育和文化問題，而不單是社會問題、經濟問題，當然也不單是政治問題。政治問題原本可以由特區政府解決，可惜政府一直放手不管。

　　當然，後來中央對香港的方針也出現了轉變。習近平主

席提出「愛國者治港」，即是我們這些一直支持中央，經過考驗的朋友應該多參與實務外，年輕人也應好好裝備自己，為自己，為國家服務。

香港年輕人過去是被誤導的，必須對這一點有清晰認知，年輕人不應固執己見，批評之前，先用自己的眼睛、自己的耳朵、自己的腳，親身認識中國的現況。其次，不要悲觀，不要以為香港已經沒落。無可否認，香港過去在國際上曾一枝獨秀，承擔了國家商品進出口，金融資金交易地，故發展迅速，我們亦享受成果，還習慣了精英心態。如今被內地超越時，心理落差太大，自卑感油然而生，使有些人恨不得築起圍牆，幻想着停留在過去的美好，自甘坐井觀天。實質上，香港人面對內地同胞，不用自卑或驕傲，應該是不卑不亢，不仰視、不俯視，而是平視他們，平等看待。將來，香港與內地仍會互相競爭，而且是公平競爭。[2]

「不讀無以識，不學無以思」，年輕人趁早吸收知識，裝備自己，發奮向學。首要是學好自己國家的歷史和文化，再而學習一技之長，至少要在一個領域上有所成就，修水管也好，築水泥也好，又或是研究電子資訊、文藝創作、開發手機應用程式（Apps）、電子競技也好，盡管去做，裝備好自己，為國家效力，與國際人才互爭長短。香港是中國其中一個城市，內地人口基數比我們多約 200 倍，假設人才的比例

相同，換言之，香港的 1 個尖子要與內地 200 個尖子競爭，就算不能脫穎而出，至少也要在那 200 人之中，所以香港年輕人要更力爭上游，發奮圖強。

這是一個競爭激烈的年代，無論留在香港，前赴內地抑或移居海外，年輕人都不能「躺平」，萬事只講理想，不求實際，這樣只是夢想，不是追尋理想。無論你是追求心中的民主自由也好，甚至是想「發達」也好，一切都要建基於現實之上，不要自我陶醉於現實不能滿足的事情，要站起來，挺起胸膛向前走。

中國發展到今天，可以說只是中國復興的起步階段，就如升空的火箭才剛進入第二、第三軌道，現在才真正儲足能量，衝破雲霄。21 世紀下半葉，必將是中國主導的。習主席說得好，我們不是要在世界稱霸，而是做到平等相待，不再被欺負，前路崎嶇，但我們要挺直腰板，做自己的事，人不犯我，我不犯人。

第九章

創辦鴻文館
文化工作室

有道「七十而從心所欲」，踏入七十歲後，我常問自己，我還有甚麼想做？有甚麼應該做？在一次偶然機會下，我和陳萬雄決定共同創辦鴻文館文化工作室。說偶然，當然也不完全是出於偶然，而是水到渠成的「偶然」。

　　說到鴻文館的創辦，自然要從我與陳萬雄的論交說起，我們的相知相交，與其說偶然，其實更是一段「必然」的緣分。我與陳萬雄相識於上世紀九十年代中後期，時值香港商務印書館成立電子公司，銳意開拓電子出版和網絡出版，我便承李祖澤先生之邀請擔任董事。自此，便不時參與香港商務的活動，與萬雄交往漸多。我們又與李焯芬教授等朋友，一同推動和策劃「文化之旅」。陳萬雄退休前後，因過於勞累，身體欠佳，但當得知我們正成立饒宗頤文化館，仍答應擔任理事和義務館長。後來，我與萬雄更一同擔任全國政協委員，每年十多天日夕相處，交往自然更密切。期間，我們一班喜歡文化旅遊的朋友，又會每年拜託他策劃二、三次的「歷史文化之旅」，相約結伴同遊。多年來，我們同樣一直心繫中國文化，正因我們志同道合，相知恨晚，遂結為莫逆之交。

　　誠然，陳萬雄是我少數會佩服的人之一。他主持香港商務和香港聯合出版集團的斐然成績，是得到香港社會所肯定的。而且，他做事有魄力，待人溫厚而直率，很合我的個性。

我更佩服他的學問。他既是享譽中外的著名出版家，也是位有成就的學者，著作等身。據我接觸所見，他學問很淵博。他畢業於中文大學的新亞書院歷史系，深受大史學家錢穆的影響，又受教於新亞書院史學名師牟潤孫、王德昭、嚴耕望和孫國棟等教授，是他們的入室弟子。最難得的是他對中國歷史文化一往情深，並繼承了新亞書院濃厚的人文精神，他對中華文化的情懷與擔當，使我們互相吸引，相知相交。

參加文化之旅　開創文化網站

說偶然，是一次與陳萬雄在內地的文化旅行，在旅遊車上，我與他並排而坐。突然他接了一個電話，談的時間很長，內容全與中華文化和中國語文有關。聽完電話，他好像很煩惱，若有所思。出於好奇，我便問他是甚麼事情要通話這麼長的時間，而且內容竟涉及出版事。需知陳萬雄雖大半生奉獻於出版事業，但當時他已退休多年，醉心於學術研究寫作，公務只有參與饒宗頤文化館的工作，閒時亦多為一班愛好文化旅行的朋友安排行程同遊，似乎已放低了從事多年的出版工作。他退休後，我們接觸時間更多，幾無話不談。他見我問及，便娓娓道來，說來電的是原任香港商務印書館執行總編輯的王濤先生，他退休後移居上海，原本負責

的數據庫計劃很可能後繼無人。原來，陳萬雄在職時推動了商務印書館中文數據庫的開發計劃，最終目標是將所有中華經典、歷史著述收錄於數據庫中，方便後人查閱資料。開發工作由王濤先生主持，這個計劃在當時中文出版界是一項破天荒的大膽嘗試，幾可稱是「前無古人」。然而，自從他們兩人退休後，因為開發耗費太大，又找不到適當人選主持工作。香港商務便打算結束在北京的開發機構，而第一代開發中文數據庫的幾位工程人員亦只能離任。20年培養起來的人才就此散失，王先生心中滿是可惜和遺憾，所以長電就商於陳萬雄。陳萬雄無奈道，他已退休，不能也不應橫加干涉。他又想到，自己退休後，也無餘力有甚麼大作為。殊不知，這通電話加上我這一問，竟又「招惹」起陳萬雄對出版文化事業的壯志雄心！車上他滔滔不絕的向我介紹他原初佈置的大規劃與電子網絡出版的時代趨勢，更認為這是以新科技推動中華文化和中文學習的絕好時機。

聽了陳萬雄的介紹，我深受感動，提出願意出資延續他們的宏大規劃。他說，這個開拓計劃太創新，耗費龐大，而且風險也高，加之近年來圖書出版經營也愈來愈不容易，所以他不會怪責香港商務的主持人。他繼續說，他不是小看我，但是以個人有限的財力和資源，是辦不了的。他最苦惱的只是王先生最後說的一句話：「我為此默默研究實踐了20

年，就此作罷，不甘心。我已年屆七十，再過幾年有條件再幹，也幹不了。」陳萬雄說這是實情，可惜他無能為力。

到第二天，陳萬雄在車上突然向我說，如我仍有心想做，他有個提議，要繼續按他們原初在香港商務的規劃是不可能的，不如只做一個項目，方便控制投資成本，也能續聘原在北京的電子工程人員。這項電子工程是他幾十年來的心願——他一直關注並盤算如何利用電腦科技，建構一個專為海外華人子弟學習中文的網絡工具。經他說明後，我亦認同這項工程確是意義非凡。如是者，陳萬雄、王濤和我三人便創辦了「鴻文館文化工作室」。其時，我們三人已年逾七十，已是「老之已至」，此舉全然是出於對傳承中華文化的熱愛和責任。又想到鄧小平先生七十以後才開始了中國史無前例的「開放改革」，改變中國的命運，比起他老人家，我們的小計劃，真是不足道了！

基於這種交往、相知，我們不顧一切成立鴻文館文化工作室，希望在電子大數據的新時代，為中國文化的創新和弘揚作些貢獻。為此，我們不時以王勃《滕王閣餞別序》中「老當益壯，寧移白首之心；窮且益堅，不墜青雲之志」一句激勵自己。

參考資料

1. 見"Report to the Council of The University of Hong Kong by the Independent Investigation Panel", The University of Hong Kong Investigation Panel, 2000-08-06。另參 "Citing Pressure, a Pollster Says Academic Freedom is Under Siege in Hong Kong"。（見本書頁 68）

2. 見〈改革開放‧專訪／親歷改革開放政策出台　黃景強：香港的作用沒變過〉。（見本書頁 119）